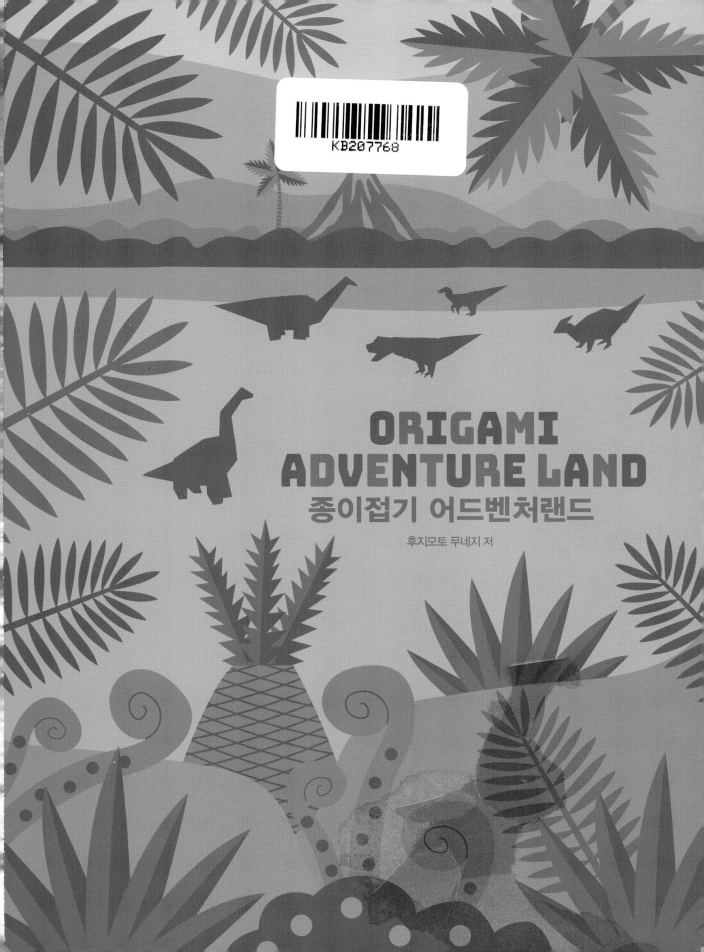

ORIGAMI
ADVENTURE LAND
종이접기 어드벤처랜드

후지모토 무네지 저

오리가미 어드벤처랜드에 오신 것을 환영합니다!

여기는 종이접기로 만들어진 공룡과 고대 생물, 전설의 생물들이 살고 있는 종이접기 어드벤처 테마파크 "오리가미 어드벤처랜드"입니다. 개성 넘치고 멋진 공룡들은 어렵지만 완성하면 기쁨을 주는 작품들뿐입니다. 자, 종이접기를 준비해서 공룡을 만드는 모험을 떠나볼까요!

CONTENTS

STEGOSAURUS

스테고사우루스

접는 방법　016페이지
난이도 ★★★☆☆☆

단면 종이접기 용지 사용

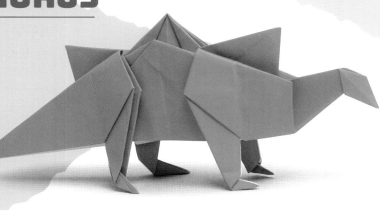

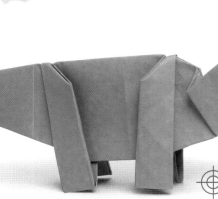

APATOSAURUS

아파토사우루스

접는 방법　019페이지
난이도 ★★★☆☆☆

단면 종이접기 용지 사용

APATOSAURUS

아파토사우루스 (2색 버전)

접는 방법　022페이지
난이도 ★★★☆☆☆

양면 종이접기 용지 사용

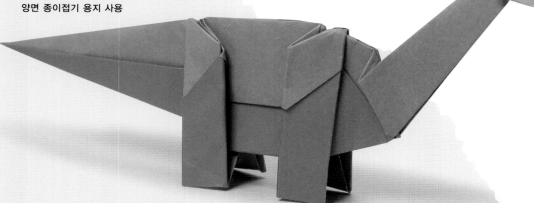

IGUANODON
이구아노돈

접는 방법 033페이지
난이도 ★ ★ ★ ★ ☆ ☆

단면 종이접기 용지 사용

PARASAUROLOPHUS
파라사우롤로푸스

접는 방법 039페이지
난이도 ★ ★ ★ ★ ☆ ☆

양면 종이접기 용지 사용

BRACHIOSAURUS
브라키오사우루스

접는 방법 025페이지
난이도 ★ ★ ★ ☆ ☆ ☆

단면 종이접기 용지 사용

SPINOSAURUS
스피노사우루스

접는 방법　070페이지
난이도 ★ ★ ★ ★ ★ ☆
단면 종이접기 용지 사용

TRICERATOPS
트리케라톱스

접는 방법　078페이지
난이도 ★ ★ ★ ★ ☆ ☆
양면 종이접기 용지 사용

ANKYLOSAURUS
안킬로사우루스

접는 방법　114페이지
난이도 ★ ★ ★ ★ ★ ★
단면 종이접기 용지 사용

PTERANODON

프테라노돈

접는 방법　058페이지
난이도 ★ ★ ★ ★ ☆ ☆

단면 종이접기 용지 사용

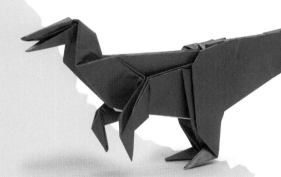

RAPTOR

랩터

접는 방법　047페이지
난이도 ★ ★ ★ ☆ ☆ ☆

단면 종이접기 용지 사용

TYRANNOSAURUS REX

티라노사우루스

접는 방법　084페이지
난이도 ★ ★ ★ ★ ★ ☆

양면 종이접기 용지 사용

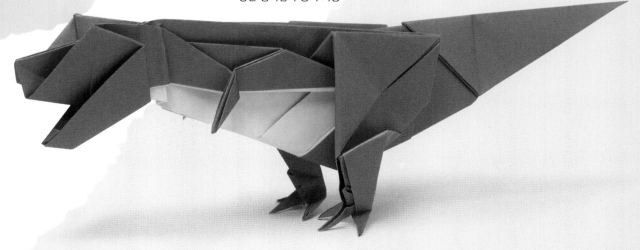

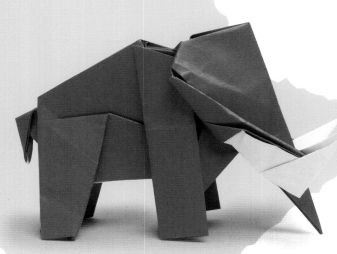

AMMONITE
암모나이트

접는 방법　052페이지
난이도 ★ ★ ★ ★ ☆ ☆

단면 종이접기 용지 사용

MAMMOTH
맘모스

접는 방법　064페이지
난이도 ★ ★ ★ ★ ☆ ☆

단면 종이접기 용지 사용

DIPLOCAULUS
디플로카울루스

접는 방법　040페이지
난이도 ★ ★ ★ ★ ☆ ☆

단면 종이접기 용지 사용

ELASMOSAURUS
엘라스모사우루스

접는 방법　029페이지
난이도 ★ ★ ★ ☆ ☆ ☆

단면 종이접기 용지 사용

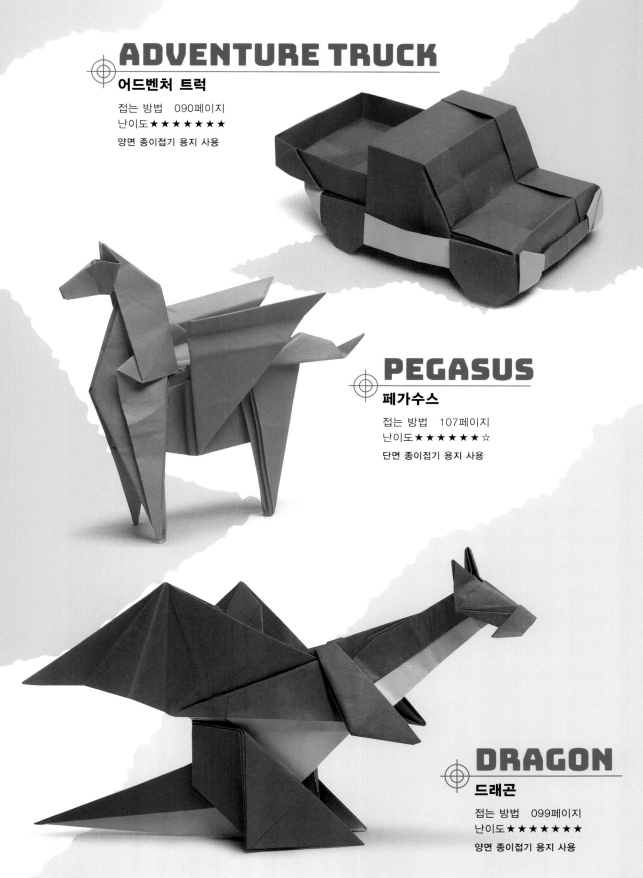

ADVENTURE TRUCK

어드벤처 트럭

접는 방법   090페이지
난이도 ★ ★ ★ ★ ★ ★
양면 종이접기 용지 사용

PEGASUS

페가수스

접는 방법   107페이지
난이도 ★ ★ ★ ★ ★ ☆
단면 종이접기 용지 사용

DRAGON

드래곤

접는 방법   099페이지
난이도 ★ ★ ★ ★ ★ ★
양면 종이접기 용지 사용

계곡 접기 선
(앞으로 접는다)

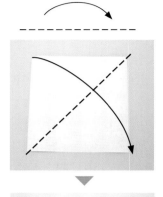

산 접기 선
(뒤로 접는다)

보조선을 만든다
(계곡 접기)

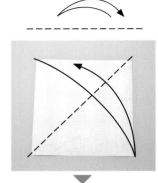

보조선을 만든다
(산 접기)

계단 접기

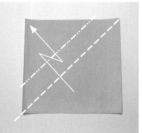

안으로 계단 접기

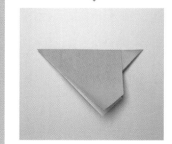

종이접기 기본과 기호의 의미를 익혀보세요!

밖으로 계단 접기

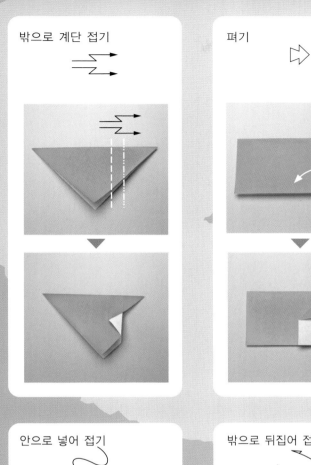

펴기

안으로 넣어 접기

밖으로 뒤집어 접기

가상선
(숨은 선) ....

다음 사진에서 확대 ➡

다음 사진에서 축소 ▶▶

다음 사진은
이 각도에서 보기 ←•●

반전 ↻

회전 ⟳

뒤집기 ↻

꼬집어내기 ⟹

밀어 넣기 ➡

2 이 책에서 자주 사용되는 접기방법

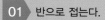

● 기본 종이접기 가로세로 8등분~

01 반으로 접는다.

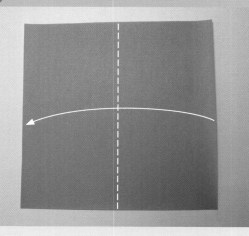

02 앞의 1장을 반으로 접는다.

03 다시 반으로 접는다.

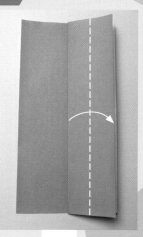

07 모두 펼친다.

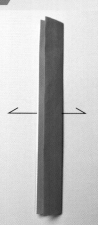

06 다시 반으로 접는다.

05 반으로 접는다.

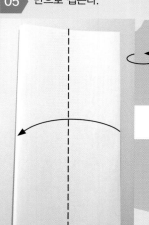

04 반전한다.

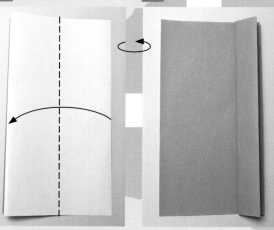

08 90° 회전한다.

09 01 ~ 07 과 같은 방법으로 접는다.

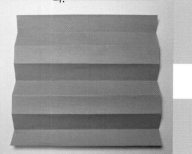

기본접기 완성!

● 꼭지 접기

이 책에서는 이러한 모양은 '그림의 선으로 꼭지 접기'라고 표기되어 있습니다.

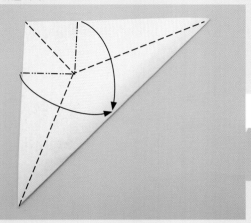

01 모서리 A를 반으로 접듯이 가장자리와 가장자리를 가지런히 접어 주름을 만든다.

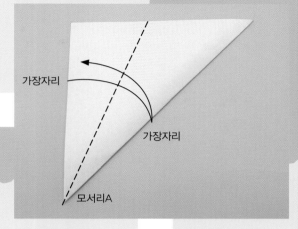

가장자리
가장자리
모서리A

03 모서리 C를 집어서 주름이 교차한 곳까지 반으로 접는다.

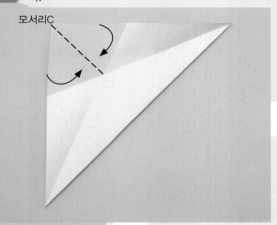

모서리C

02 모서리 B를 반으로 접듯이 가장자리와 가장자리를 가지런히 접어 주름을 만든다.

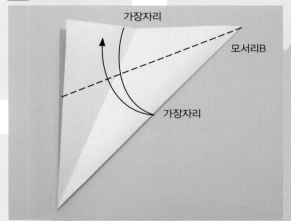

가장자리
모서리B
가장자리

04 붙어있는 주름을 사용하여 화살표 방향으로 접어서 모서리 C를 세운다(그림의 산 접은 선은 모서리 C를 집어서 세울 수 있는 선입니다.

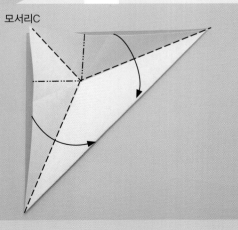

모서리C

완성!

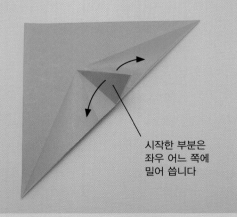

시작한 부분은 좌우 어느 쪽에 밀어 씁니다

● 공룡의 다리에 자주 등장하는 접는 방법

05 접는 중간 단계

완성!

완성 형태 (추가로 집어 접기를 할 수도 있습니다)

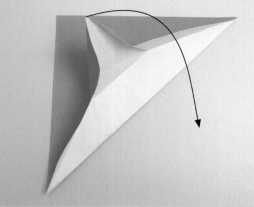

01 모서리A를 반으로 접어 접은 자국을 남기세요.

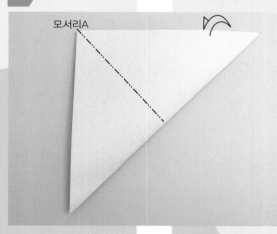

모서리A

04 도면의 선을 따라 화살표 방향으로 접는다.

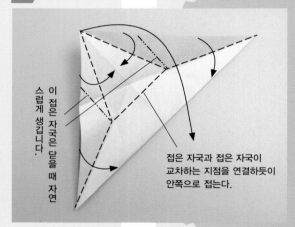

이 접은 자국은 닫을 때 자연스럽게 생깁니다.

접은 자국과 접은 자국이 교차하는 지점을 연결하듯이 안쪽으로 접는다.

02 가장자리를 접은 자국에 맞춰 접어 접은 자국을 남기세요.

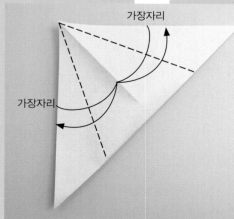

가장자리

가장자리

03 모서리B와 모서리C를 반으로 접듯이 가장자리와 가장자리를 맞춰 접어 접은 자국을 남기세요.

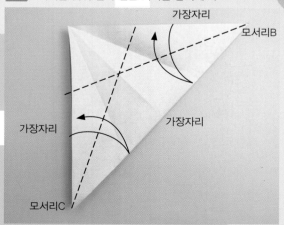

가장자리

모서리B

가장자리

가장자리

모서리C

STEGOSAURUS

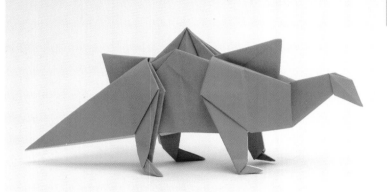

스테고사우루스
난이도 ★ ★ ★ ☆ ☆ ☆
단면 종이접기 용지 사용

01 세로와 가로로 반씩 접어 접은 자국을 남기세요.

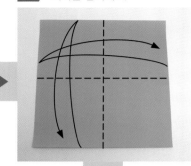

02 도면의 선을 따라 뒷면으로 접는다.

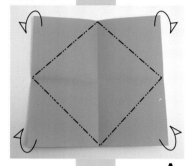

03 반으로 접어 접은 자국을 남긴다.

04 가장자리를 접은 자국에 맞춰 접고 (뒷면으로 접은 부분을 밖으로 펼친다.)

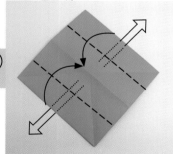

05 도면의 위치에 접은 자국을 남긴다.

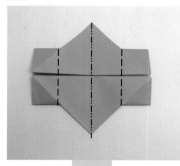

06 도면의 선을 따라 펼쳐 접는다. (04 처럼 뒷면에서 밖으로)

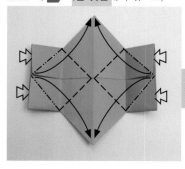

07 도면의 선을 따라 접어 접은 자국을 남긴다.

뒷면에서 내온 부분

뒷면에서 내온 부분

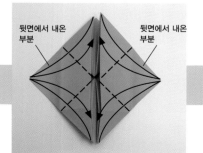

08 도면의 선을 따라 펼쳐서 사각형 모양으로 접는다.

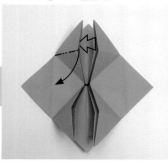

12 도면의 선을 따라 접는다.

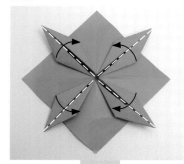

13 도면의 선을 따라 반으로 접는다.

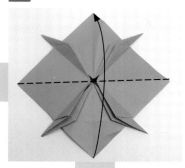

19 도면의 선을 따라 펼쳐서 세우세요.

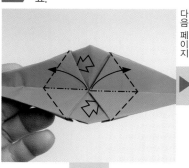

다음 페이지

11 남은 3곳도 08 ～ 10 와 같이 접습니다.

14 도면의 선을 따라 집어 접는다.

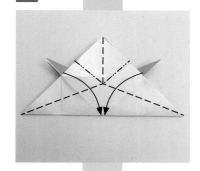

18 위에서 펼쳐서 보세요.

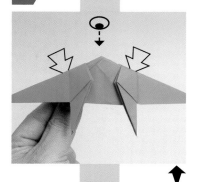

10 도면의 선을 따라 펼쳐서 중심으로 접어 닫는다.

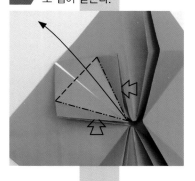

14 −2 집어 접는 중간 단계

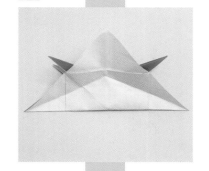

17 반대쪽도 14 ～ 16 와 같이 접습니다.

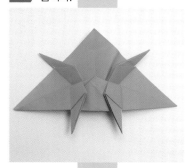

09 가장자리를 중심에 맞춰 접어 접은 자국을 남기세요.

15 도면의 선을 따라 접는다.

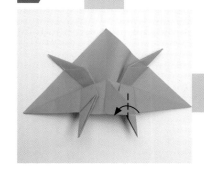

16 왼쪽으로 접어서 끼워 넣으세요.

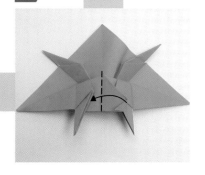

20 도면의 선을 따라 접는다.

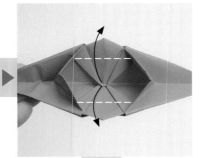

27 안쪽 가르기 접기

28 안쪽 가르기 접기

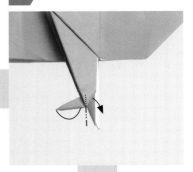

21 닫는다.

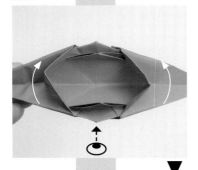

26 ○로 표시된 부분을 확대하세요.

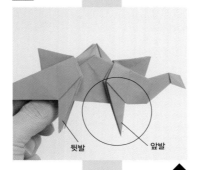

뒷발   앞발

29 반대쪽도 27 ~ 28 와 동일하게 접고. 다음은 뒷다리 부분을 봅니다.

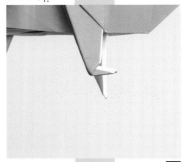

22 도면의 선을 따라 각도를 조정하여 안쪽으로 계단 접기를 하세요.

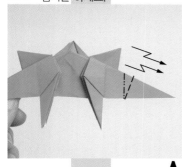

25 전체를 확인하세요.

30 안쪽 가르기 접기 (반대쪽도 동일하게 접는다.)

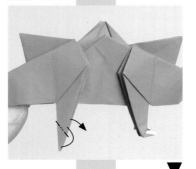

23 도면의 선을 따라 덮어 접는다.

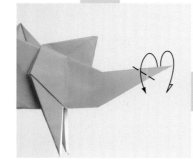

24 안쪽으로 접힌 부분을 꺼내세요 25 (사진 참고.)

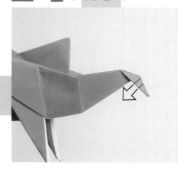

완성!

APATOSAURUS

아파토사우루스

난이도★★★☆☆☆

단면 종이접기 용지 사용

01 각과 각을 맞춰 접어 접은 자국을 남기세요.

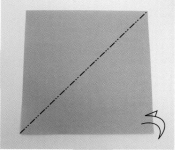

02 각과 각을 맞춰 접는다.

03-3 맞춰진 후에는 단단히 접는다.

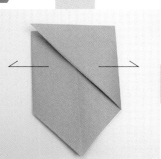

03-2 가볍게 말아서 조정하세요.

03 도면의 선을 따라 삼등분하여 접는다.

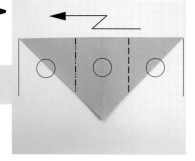

04 일단 모두 펼치세요.

05 세로와 가로로 반씩 접어 접은 자국을 남기세요.

06 뒤집어서 회전하세요.

다음 페이지

07 도면의 선을 따라 모서리를 말아 넣듯이 접는다.

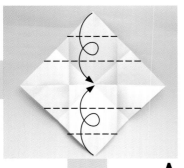

08 도면의 선을 따라 접고, 접은 자국을 남긴다.

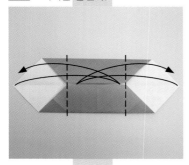

09 뒤집는다.

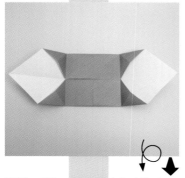

10 접은 자국을 중심에 맞춰 접고, 접은 자국을 남긴다.

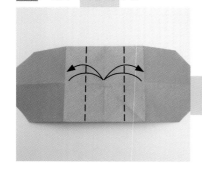

14 ① 기존의 접은 자국의 산과 골을 바꿔 계단 접기를 한다.
② 접은 자국을 남긴다.

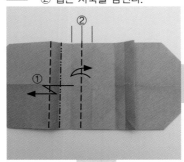

13 접은 자국과 접은 자국을 맞춰 접고, 접은 자국을 남긴다.

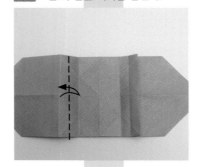

12 접은 너비만큼 오른쪽으로 접는다.

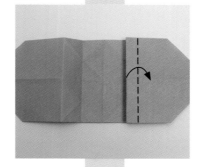

11 접은 자국과 접은 자국을 맞춰 접는다.

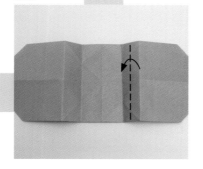

15 둘러싼 부분을 확대하고 뒤집는다.

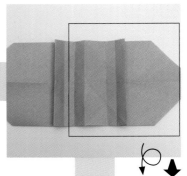

16 가장자리를 중심에 맞춰 접고, 왼쪽 위를 삼각형으로 접는다.

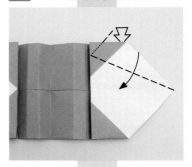

17 아래쪽도 **16** ~와 같이 접는다.

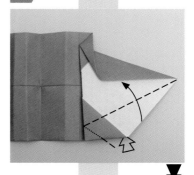

18 가장자리를 중심에 맞춰 접고, 오른쪽 위를 삼각형으로 접는다.

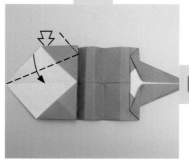

22 도면의 선을 따라 접고, 반대쪽도 동시에 접는다.

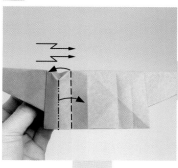

23 둘러싼 부분도 21 ~ 22 와 같이 접고, 반대 방향으로 접는다.

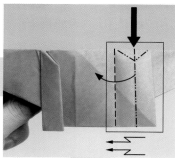

29 둘러싼 부분을 확대한다.

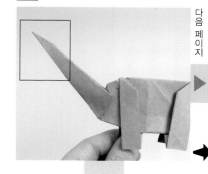

다음 페이지

21 굵은 화살표 부분을 눌러 넣듯이 입체적으로 접는다.

24 아래에서 펼쳐서 시선을 바꾼다.

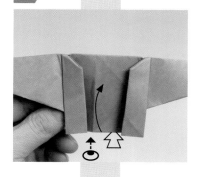

28 -2 접는 중간 단계

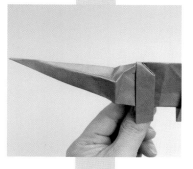

20 반으로 접는다.

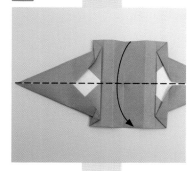

25 도면의 선을 따라 접고, 좌우를 삼각형으로 접는다.

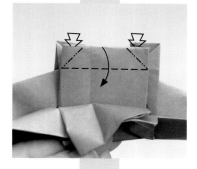

28 굵은 화살표 위치(반대쪽도 동시에)를 눌러 넣으면서 끝부분을 위쪽으로 접는다.

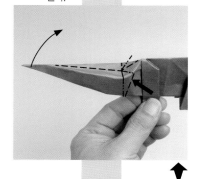

19 아래쪽도 18 ~와 같이 접는다.

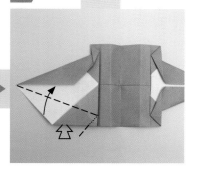

26 반대쪽(사진 아래)도 25 ~와 같이 접는다.

27 굵은 화살표 부분을 눌러 넣듯이 입체적으로 접는다.

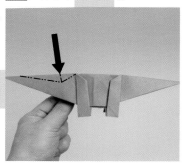

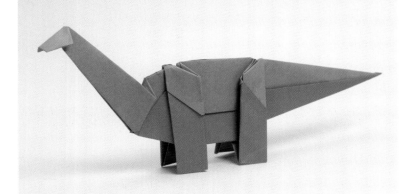

APATOSAURUS

아파토사우루스 (2색 버전)
난이도 ★ ★ ★ ☆ ☆ ☆

양면 **종이접기 용지 사용**

아파토사우루스의 **05** ~을 완료한 상태에서 시작한다.

30 도면의 선을 따라 각도를 조정하여 바깥쪽으로 계단 접기를 한다.

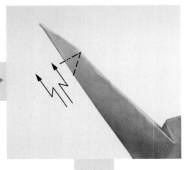

31 끝부분을 안쪽 가르기 접기 한다.

32 전체를 확인하세요.

완성!

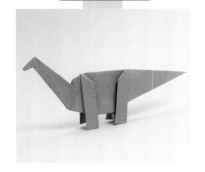

01 도면의 선을 따라 접는다.

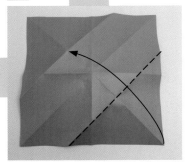

02 도면의 선을 따라 접고, 접은 자국을 남긴다.

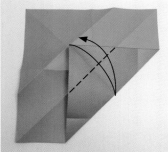

03 모서리를 접은 자국에 맞춰 말아 넣듯이 접는다.

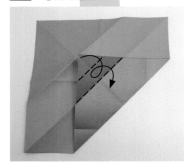

04 반대쪽도 **01** ~ **03** 와 같이 접습니다.

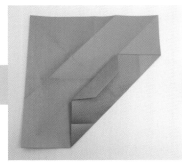

08 접은 너비만큼 오른쪽으로 접는다.

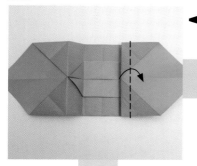

09 접은 자국을 남긴 후 되돌린다.

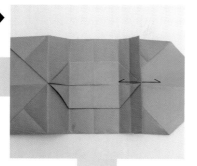

16 뒤집어서 둘러싼 부분을 본다.

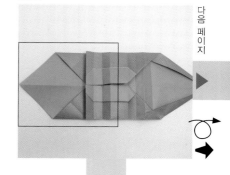

다음 페이지

07 접은 자국과 접은 자국을 맞춰 접는다.

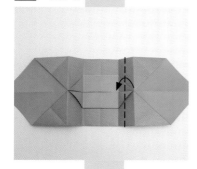

10 접은 자국과 접은 자국을 맞춰 접고, 접은 자국을 남긴다.

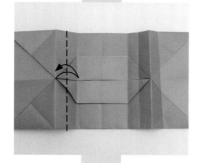

15 도면의 선을 따라 계단 접기를 한다.

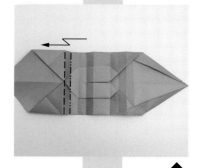

06 접은 자국과 접은 자국을 맞춰 접고, 접은 자국을 남긴다.

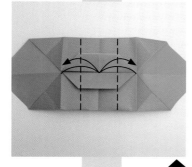

11 접은 자국과 접은 자국을 맞춰 접고, 접은 자국을 남긴다.

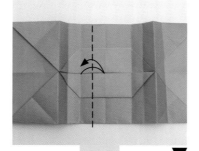

14 아래쪽도 **13** ～와 같이 접는다.

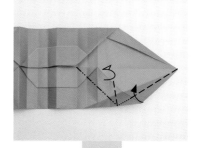

05 도면의 위치에 접은 자국을 남기세요.

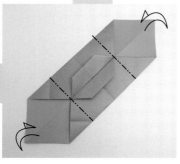

12 가장자리를 중심에 맞춰 접어 접은 자국을 남기세요.

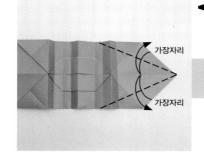

가장자리
가장자리

13 ① 가장자리를 접은 자국에 맞춘다.
② 뒤쪽으로 접어 넣는다.

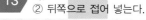

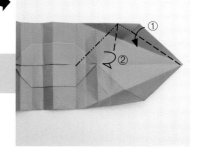

①
②

17 가장자리를 중심에 맞춰 접고, 오른쪽을 삼각형으로 접는다.

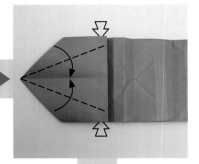

18 뒤집어서 오른쪽을 본다.

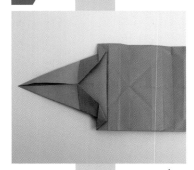

19 도면의 선을 따라 접는다.

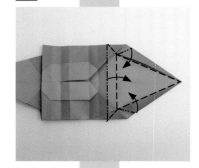

20 반으로 접는다.

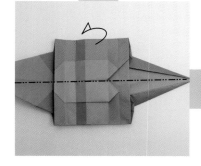

24 굵은 화살표 위치(반대쪽도 동시에)를 눌러 넣으면서 끝부분을 위쪽으로 접는다.

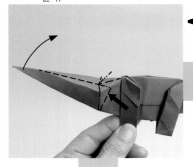

23 굵은 화살표 부분을 눌러 넣듯이 입체적으로 접는다.

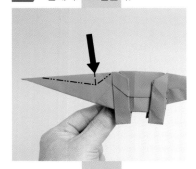

22 아파토사우루스의 24 ～ 26 와 동일하게 접는다 (021페이지 참고.)

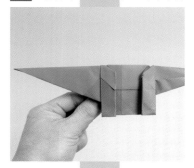

21 아파토사우루스의 21 ～ 23 와 동일하게 접는다 (021페이지 참고.)

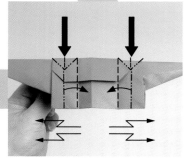

25 아파토사우루스의 30 ～ 31 와 동일하게 접는다 (022페이지 참고.)

26 전체를 확인하세요.

완성!

01 반으로 접는다.

02 반으로 접는다.

BRACHIOSAURUS

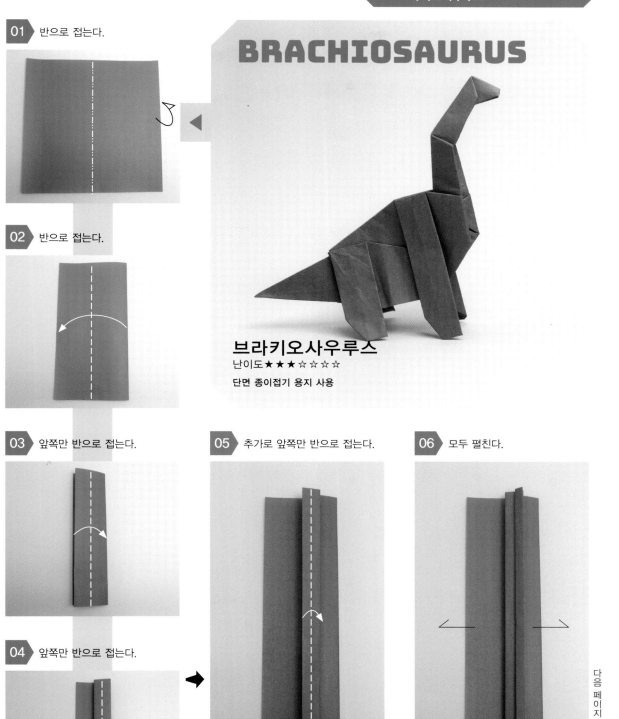

브라키오사우루스
난이도 ★ ★ ★ ☆ ☆ ☆ ☆

단면 종이접기 용지 사용

03 앞쪽만 반으로 접는다.

05 추가로 앞쪽만 반으로 접는다.

06 모두 펼친다.

04 앞쪽만 반으로 접는다.

다음 페이지

07 ① 골 접기 되어 있는 도면의 접은 자국을 산 접기로 변경한다.
② 반으로 접어 접은 자국을 남긴다.

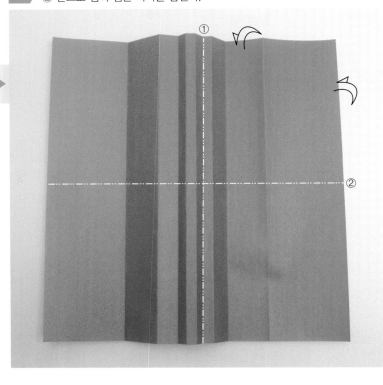

08 모서리를 중심에 맞춰 접는다.

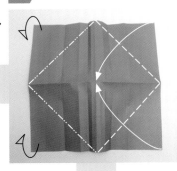

09 도면의 선을 따라 집어 접는다.

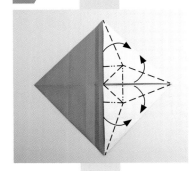

12 기존의 접은 자국과 도면의 선 (골 접기 선)을 따라 접는다.

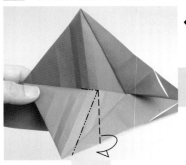

11 도면의 선을 따라 접고 시선을 바꾼다.

여기까지 접는다.

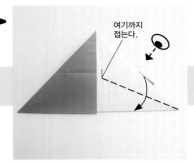

10 반으로 접는다.

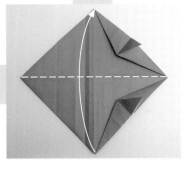

12 -2 접는 중간 단계

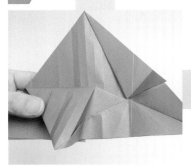

13 뒤집어서 둘러싼 부분을 본다.

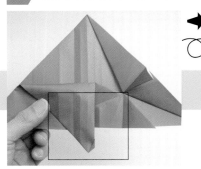

14 도면의 선을 따라 접는다.

18 펼친다.

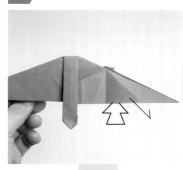

19 도면의 선(A의 너비와 동일하게) 따라 접어 접는다.

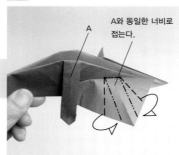

A와 동일한 너비로 접는다.

A

26 도면의 선을 따라 덮어 접는다 (반대쪽도 동시에 접는다.)

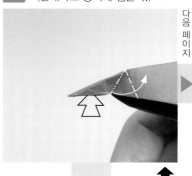

다음 페이지

17 반대쪽도 11 ～ 16 와 같이 접습니다.

20 반대쪽도 18 ～ 19 와 같이 접습니다.

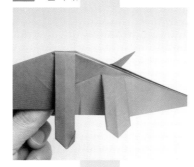

25 접은 자국을 남긴 후 되돌린다.

16 왼쪽도 11 ～ 12 와 같이 접는다.

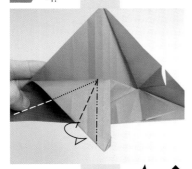

21 뒷면으로 접는다 (반대쪽도 동일하게 접는다.)

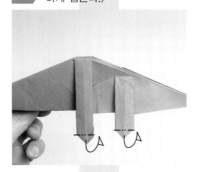

24 끝부분을 덮어 접는다.

15 뒤집어서 180° 회전한다.

22 뒷면으로 접는다 (반대쪽도 동일하게 접는다.)

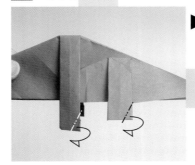

23 둘러싼 부분을 확대한다.

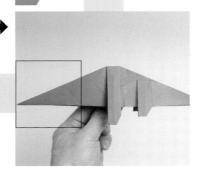

27 끝부분을 안쪽 가르기 접기 한다.

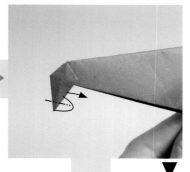

34 도면의 선을 따라 펼쳐서 접는다.

35 닫는다.

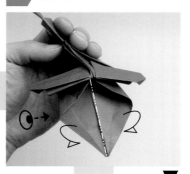

28 도면의 선을 따라 안쪽 가르기 접기를 한다.

33 모아서 가볍게 계단 접기를 한다.

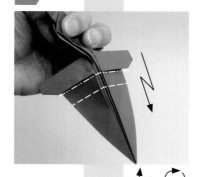

36 뒤쪽으로 접어 넣는다.

29 뒤쪽으로 접어 넣는다 (반대쪽도 동일하게 접는다.)

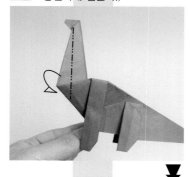

32 뒤집어서 회전하세요.

중앙의 한 장

37 앞쪽으로 접어 넣는다.

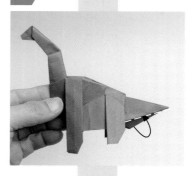

30 각도를 조정하여 안쪽으로 계단 접기를 한다.

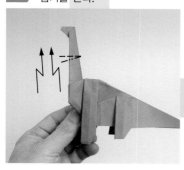

31 아래에서 펼친다 (중앙의 한 장은 한쪽으로 모은다.)

완성!

ELASMOSAURUS

엘라스모사우루스

난이도★★☆☆☆☆

단면 종이접기 용지 사용

세로와 가로로 반으로 접어 접은 자국을 남긴다.

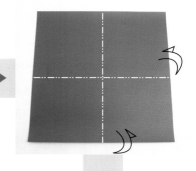

02 각과 각을 맞춰 접어 접은 자국을 남기세요.

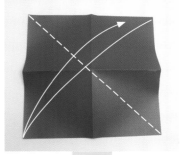

03 가장자리를 중심에 맞춰 접고, 접은 자국을 남긴다.

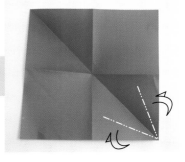

04 모서리를 중심에 맞춰 접는다.

05 각각 테두리와 테두리를 맞춰 접고, 접은 자국을 남긴다.

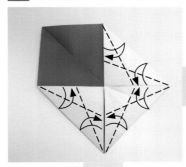

06 A와 B를 집어 접고, C를 도면의 선을 따라 접는다.

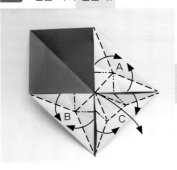

07 반으로 접고 회전한다.

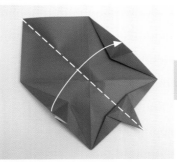

08 도면의 선을 따라 접는다.

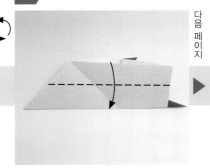

다음 페이지

09 도면의 선을 따라 뒷면으로 접는다.

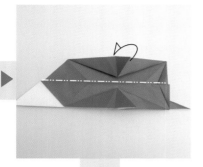

16 도면의 선을 따라 입체적으로 접는다.

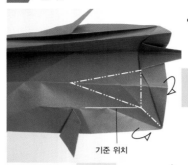

기준 위치

17 굵은 화살표 부분을 눌러 넣듯이 도면의 선을 따라 접는다.

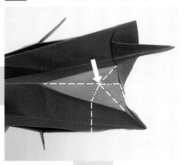

10 세로 너비를 반으로 만드는 위치에서 접는다.

15 펼친다.

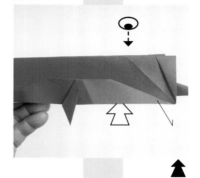

18 오른쪽으로 접는다.

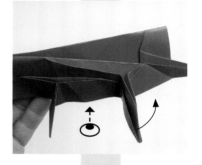

11 접은 자국을 남긴 후 펼친다.

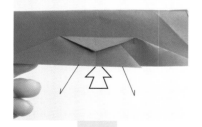

14 도면의 선을 따라 접는다.

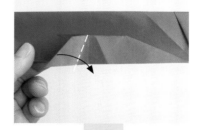

19 도면의 선을 따라 접는다.

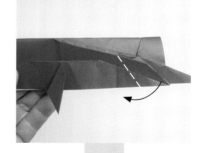

12 굵은 화살표 부분을 눌러 넣듯이 도면의 선을 따라 접는다.

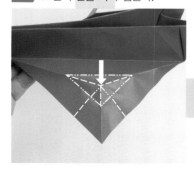

13 왼쪽으로 접는다.

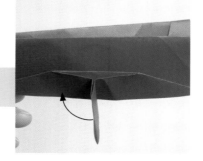

20 접은 자국을 남긴 후 한 번 펼친다.

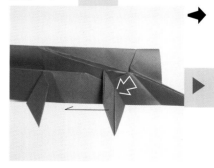

24 오른쪽으로 접는다.

25 반대쪽도 10 ~ 24 와 같이 접습니다.

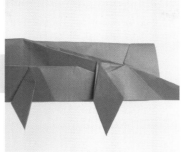

32 둘러싼 부분을 확대한다.

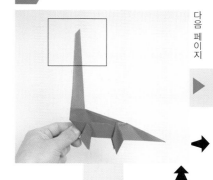

다음 페이지

23 원래처럼 접는다. (끌어낸 A의 부분은 원래처럼 접어 넣는다.)

26 안쪽 가르기 접기

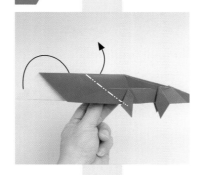

31 닫는다.

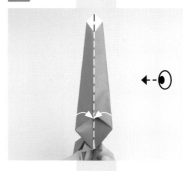

22 기존에 있는 접은 자국을 산 접기로 변경하여 접는다.

27 도면의 위치를 펼쳐서 시선을 바꾼다.

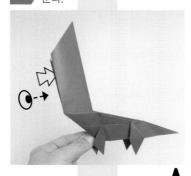

30 왼쪽도 28 ~ 29 와 같이 접는다.

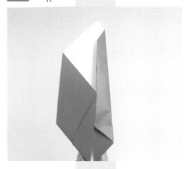

21 ① 내측에 접혀 있는 부분을 꺼낸다. ② 펼친다.

28 도면의 선을 따라 접는다.

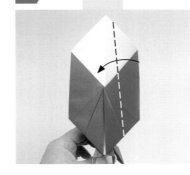

29 도면의 선(중심)을 따라 뒤쪽으로 접어 넣는다.

33 각도를 조정하여 바깥쪽으로 계단 접기를 한다.

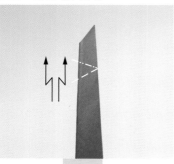

39 도면의 선을 따라 접은 자국을 정돈한다.

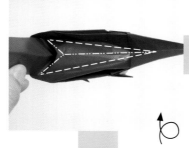

반대쪽에서 본 곳이다.

시선을 바꿔 펼쳐 본 곳이다.

38 사진처럼 펼치면 반대쪽에서 본다.

40 닫는다.

34 끝부분을 안쪽 가르기 접기 한다.

37 굵은 화살표 부분(중앙의 한 장)을 눌러 펼친다.

41 도면의 선을 따라 약간 세운다 (반대쪽도 동일하게 접는다.)

35 전체를 확인하세요.

36 아래에서 본다.

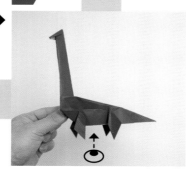

완성!

IGUANODON

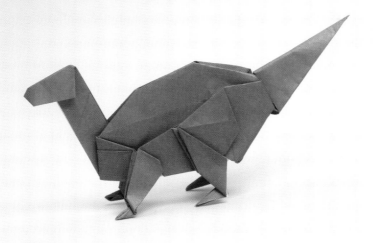

이구아노돈
난이도★★★★☆☆
단면 종이접기 용지 사용

01 세로와 가로로 반으로 접어 접은 자국을 남기고 뒤집는다.

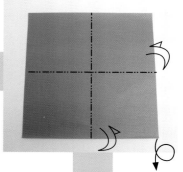

02 가장자리를 중심에 맞춰 접어 접은 자국을 남기세요.

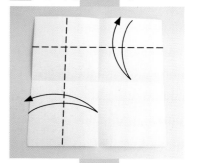

05 접은 자국을 따라 접어서 모서리를 세운다.

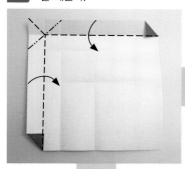

04 각을 접은 자국 하나 분만큼 대각선으로 접는다.

03 가장자리를 접은 자국에 맞춰 접고, 접은 자국을 남긴다.

06 각과 각을 맞춰 접고, 접은 자국을 남긴다.

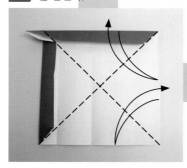

07 각각 가장자리를 **06** 로 붙여 만든 접은 자국에 맞춰 접고, 접은 자국을 남긴다.

08 각을 뒷면 중앙에 맞춰 접는다.

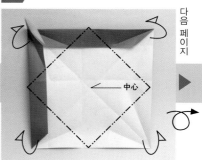

中心 ←

다음 페이지

09 둘러싼 부분을 확대한다.

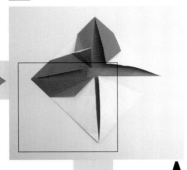

16 아래에서 펼쳐서 위에서 본다.

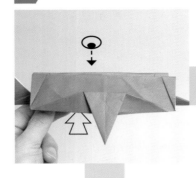

17 도면의 선을 따라 입체적으로 접는다.

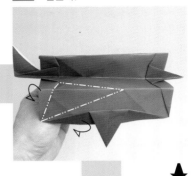

10 가장자리와 가장자리를 맞춰 접고, 접은 자국을 남긴다.

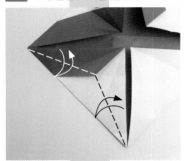

15 도면의 선을 따라 반대쪽으로 접는다.

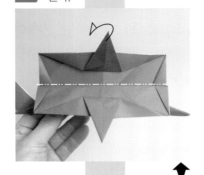

18 굵은 화살표 위치를 눌러 넣듯이 접는다.

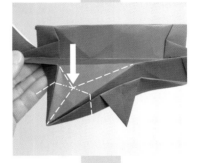

11 도면의 선에 따라 접는다.

14 도면의 선을 따라 접는다.

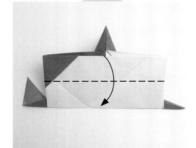

19 오른쪽으로 접는다.

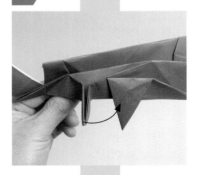

12 남은 3곳도 **10** ~ **11** 와 같이 접는다.

이 부분은 내어 둔다.

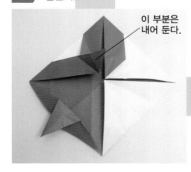

13 도면의 선을 따라 반으로 접는다.

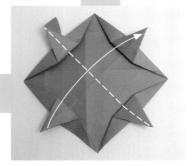

20 도면의 선을 따라 접는다.

24 도면의 위치를 펼쳐서 오른쪽으로 접는다.

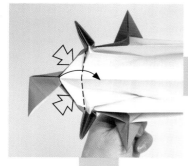

25 닫는다.

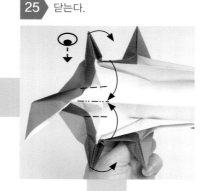

32 둘러싼 부분을 확대한다.

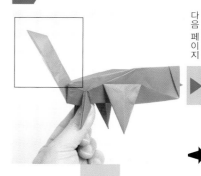

다음 페이지

23 펼친다.

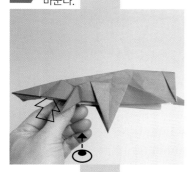

26 접혀 있는 부분을 꺼낸다 (반대쪽도 동시에.)

31 도면의 선을 따라 각도를 조정하여 안쪽으로 계단 접기를 한다.

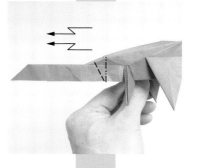

22 아래쪽에서 조금 펼쳐서 시선을 바꾼다.

27 도면의 선을 따라 덮어 접는다.

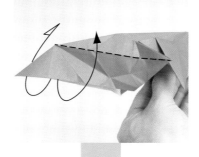

30 발의 방향을 원래대로 되돌린다 (반대쪽도 동일하게 접는다.)

21 반대쪽도 16 ～ 20 와 같이 접는다.

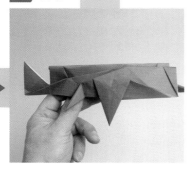

28 도면의 선을 따라 덮어 접는다.

29 도면의 선을 따라 접는다.(반대쪽도 동일하게 접는다.)

33 앞쪽을 펼치고, 각도를 조정하여 바깥쪽으로 계단 접기를 한다.

40 도면의 선을 따라 접는다.

41 접은 자국을 남긴 후 한 번 되돌린다.

34 도면의 선을 따라 접고, 접은 자국을 남긴다.

39 도면의 선을 따라 접는다.

42 펼친다.

35 굵은 화살표 부분을 안쪽으로 눌러 넣는다.

38 ① 삼각형을 반으로 접어 정렬하여 접는다.
② 위쪽을 향하여 펼쳐 접는다.

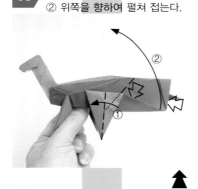

43 도면의 위치를 펼쳐서 왼쪽으로 접는다.

36 끝부분을 안쪽 가르기 접기 한다.

37 전체를 확인하세요.

44 도면의 선을 따라 접는다.

48 위에서 펼쳐서 시선을 바꾼다.

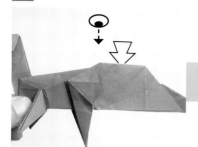

49 뒷면에서 눌러 도면의 선을 따라 입체적으로 접는다.

56 안쪽 가르기 접기 (반대쪽도 동일하게 접는다.)

다음 페이지 ▶

47 반대쪽도 38 ~ 46 와 같이 접습니다.

50 닫는다.

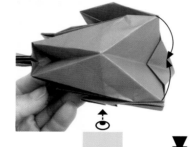

55 닫는다.

46 뒤쪽으로 접어 넣는다.

51 도면의 선을 따라 접는다.

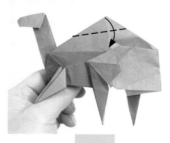

54 굵은 화살표 위치를 눌러 넣는다.

45 도면의 선을 따라 안쪽 가르기 접기하고 접는다.

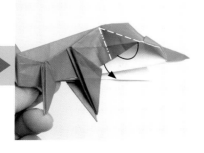

52 접은 자국을 남긴 후 되돌린다.

53 아래에서 펼쳐서 입체적으로 만든다.

이 부분은 닫힌 채로 둔다.

57 안쪽 가르기 접기

64 앞쪽의 한 장만 접은 자국을 살짝 이동시키면서 접는다.

65 뒤쪽으로 접어 넣는다.

58 도면의 선을 따라 뒤쪽으로 접어 넣으세요.(반대쪽도 동일하게 접는다.)

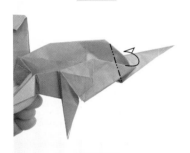

63 ① 반대쪽도 61 ~ 62 와 같이 접습니다.
② 도면의 위치를 펼치세요.

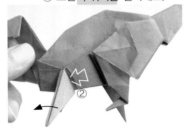

66 안쪽 가르기 접기

59 도면의 선을 따라 뒤쪽으로 접어 넣으세요.

62 안쪽 가르기 접기

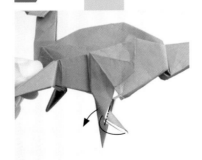

67 안쪽 가르기 접기

60 도면의 선을 따라 앞쪽으로 접어 넣는다.

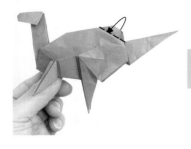

61 가장 안쪽에서 안쪽 가르기 접기

68 반대쪽도 64 ~ 67 와 같이 접습니다.

PARASAUROLOPHUS

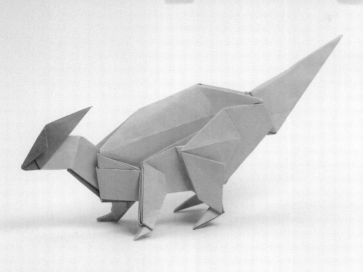

파라사우롤로푸스
난이도 ★★★★☆☆

양면 종이접기 용지 사용

이구아노돈의 27 ～를 완료한 상태에서 시작한다(033페이지 참고.)

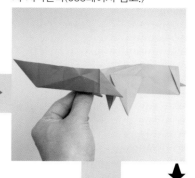

01 도면의 선을 따라 안쪽으로 접어 넣으세요.

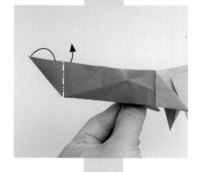

02 도면의 선을 따라 접고. 왼쪽을 삼각형 모양으로 접는다.

03 반대쪽도 02 ～와 같이 접는다.

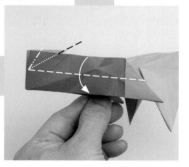

04 도면의 선을 따라 접는다.

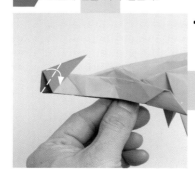

05 뒷면으로 접는다.

완성!

다음 페이지

06 축소하여 앞발 쪽을 본다.

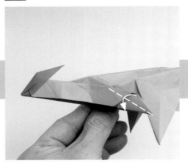

07 도면의 선을 따라 접는다.(반대쪽도 동일하게 접는다.)

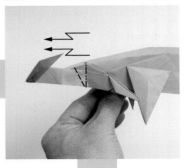

08 도면의 선을 따라 각도를 조정하여 안쪽으로 계단 접기를 한다.

완성!

10 이구아노돈의 38 ~ 68 와 같이 접는다(036페이지참조)

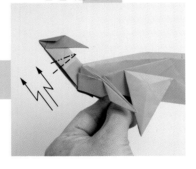

09 앞쪽에서 두 번째 장을 펼치고, 각도를 조정하여 바깥쪽으로 계단 접기를 한다.

DIPLOCAULUS

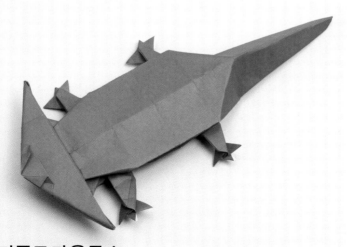

디플로카울루스
난이도★★★★☆☆
단면 종이접기 용지 사용

01 도면의 선을 따라 삼등분하여 접는다.

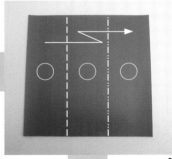

01-2 가볍게 말아서 조정하세요.

05 뒷면으로 접는다.

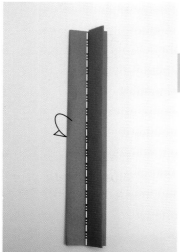

06 모두 펼친다.

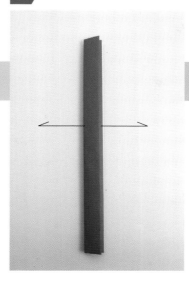

07 90° 회전한다.

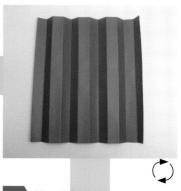

08 01 ~ 06 와 같이 접는다

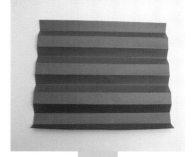

04 앞쪽만 반으로 접는다.

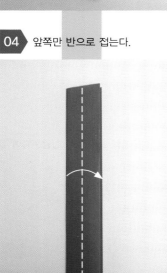

03 뒷면으로 접는다.

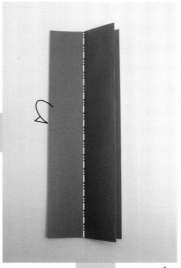

09 도면의 선을 따라 뒷면으로 접는다.

01 -3 맞춰진 후에는 단단히 접는다.

02 앞쪽만 반으로 접는다.

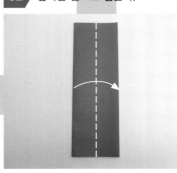

10 접은 자국 두 개 분량만큼 뒷면으로 접는다.

다음 페이지

11 도면의 선을 따라 약간 입체적으로 접는다.

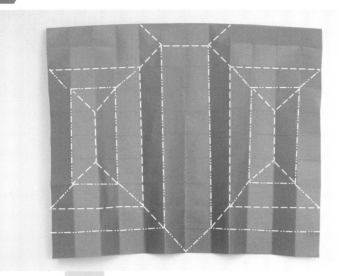

12 도면의 선을 따라 입체적으로 접는다.

뒷면에 접혀 있는 부분을 삼각형 모양으로
접고 앞쪽으로 꺼낸다.

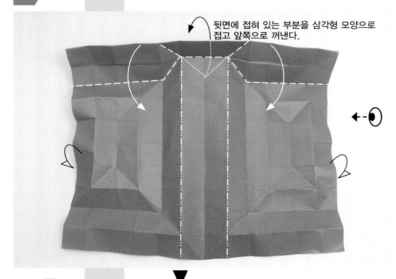

13 11 ~에서 만든 접은 자국과
도면의 선을 사용하여 입체
적으로 접는다.

14 먼저 오른쪽만 접는다.

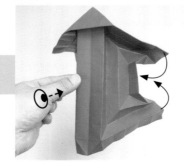

19 위쪽으로 접는다.

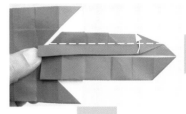

18 굵은 화살표 부분을 눌러 삼각형
모양으로 접는다.

17 도면의 선을 따라 왼쪽에서 오른
쪽으로 접는다.

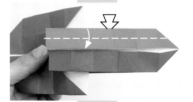

16 뒤집는다.

15 왼쪽도 13 ~ 14 와 동일하게
접는다.

20 앞쪽의 한 장을 펼친다.

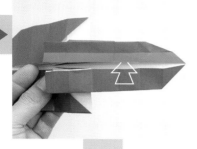

27 도면의 선을 따라 접는다.

28 도면의 선을 따라 접는다.

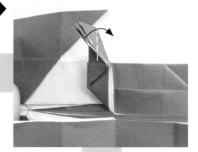

21 굵은 화살표 부분을 눌러 넣는다.

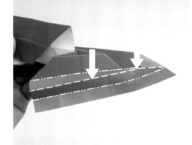

26 도면의 선을 따라 접는다.

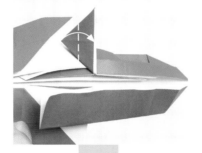

29 두 손가락만 왼쪽으로 접는다.

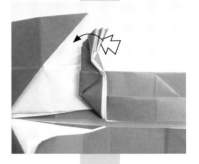

22 둘러싼 부분을 확대한다.

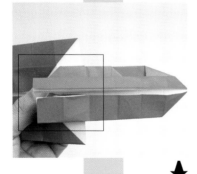

25 모아서 도면의 선을 따라 접는다.

30 도면의 선을 따라 접는다.

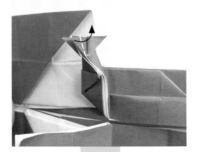

23 앞쪽을 안쪽 가르기 접기 한다.

24 안쪽 가르기 접기

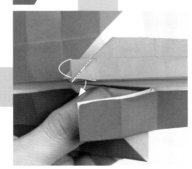

31 뒤집는다.

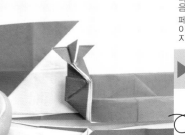

다음 페이지

32 사진처럼 되었다면 뒤집어서 축소한다.

33 반대쪽의 발도 **17** ~ **30** 와 같이 접는다.

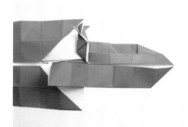

34 도면의 선을 따라 접는다.

35 뒤집어서 회전하세요.

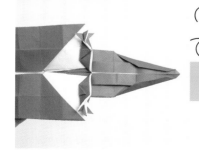

39 ①②의 순서대로 접는다.

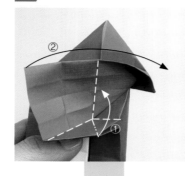

38 도면의 선을 따라 접고 펼친다.

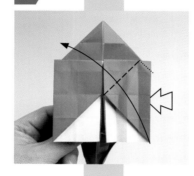

37 도면의 위치에 접은 자국을 남긴다.

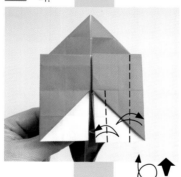

36 도면의 선을 따라 계단 접기를 한다.

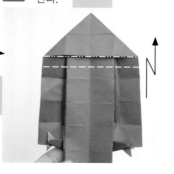

40 도면의 선을 따라 펼쳐서 접는다.

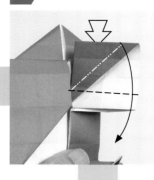

41 시선을 바꾼다.

42 도면의 선을 따라 접는다.

43 도면의 선을 따라 접는다.

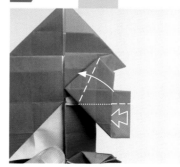

다음 페이지

46 도면의 선을 따라 접는다.

47 도면의 선을 따라 접는다.

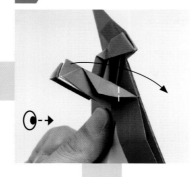

54 뒤집는다.

45 도면의 위치를 펼쳐서 시선을 바꾼다.

48 둘러싼 부분을 23 ~ 30 와 같이 접는다 (25 ~ 26 는 불필요.)

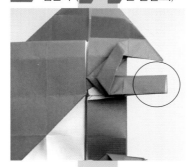

53 도면의 선을 따라 접는다.

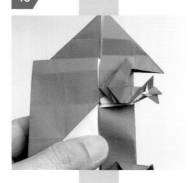

44 도면의 선을 따라 접는다.

49 왼쪽도 37 와 같이 48 접는다.

52 도면의 선을 따라 뒤쪽으로 접는다.

43 -2 접는 중간 과정

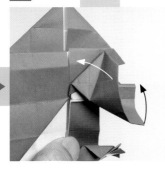

50 각을 접은 자국에 맞춰 접고, 접은 자국을 남긴다.

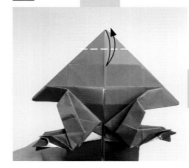

51 도면의 선을 따라 펼쳐서 사각형 모양으로 접는다.

55 도면의 선을 따라 접는다.

56 도면의 선을 따라 접는다.

57 도면의 위치를 펼쳐서 시선을 바꾼다.

58 도면의 선을 따라 뒤쪽으로 접어 넣는다.

61 도면의 선을 따라 접는다.

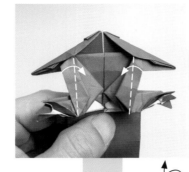

60 뒤집는다.

59 왼쪽도 58 ~와 같이 접는다.

58 -2 접는 중간 단계이다.

62 뒤집는다.

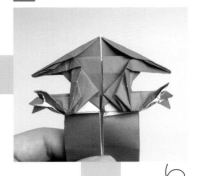

63 전체를 확인하세요.

64 도면의 선을 따라 입체적으로 접는다.

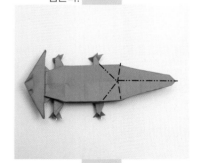

완성!

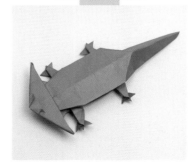

RAPTOR

랩터

난이도 ★★★☆☆

단면 종이접기 용지 사용

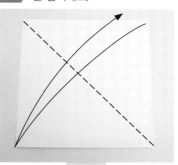

01 각과 각을 맞춰 접어 접은 자국을 남기세요.

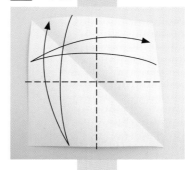

02 세로와 가로로 반으로 접어 접은 자국을 남긴다.

05 각을 접은 자국 하나 분만큼 대각선으로 접는다.

04 가장자리를 접은 자국에 맞춰 접고, 접은 자국을 남긴다.

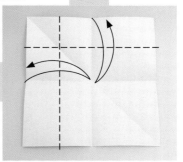

03 가장자리를 중심에 맞춰 접고, 접은 자국을 남긴다.

06 기존의 접은 자국을 따라 접고, 각을 세운다.

07 모서리를 펼쳐 사각형 모양으로 접는다.

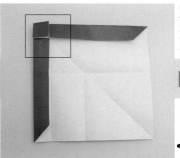

08 둘러싼 부분을 확대한다.

다음 페이지

09 가장자리를 중심에 맞춰 접고, 접은 자국을 남긴다.

16 뒤집어서 회전하세요.

17 모서리를 중심에 맞춰 접는다.

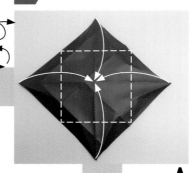

10 도면의 선을 따라 접고, 접은 자국을 남긴다.

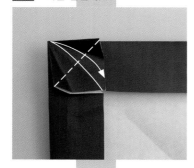

15 각각 가장자리를 대각선의 접은 자국에 맞춰 접고, 접은 자국을 남긴다.

18 둘러싼 부분을 확대한다.

11 안쪽 가르기 접기

14 각과 각을 맞춰 접어 접은 자국을 남기세요.

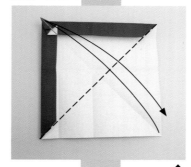

19 가장자리와 가장자리를 맞춰 접고, 접은 자국을 남긴다.

12 도면의 선을 따라 펼쳐서 중심으로 접어 닫는다.

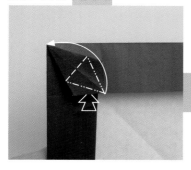

13 전체를 확인하세요.

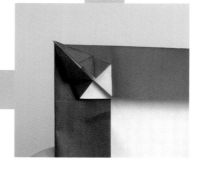

20 도면의 선을 따라 접는다.

23 도면의 선을 따라 접는다.

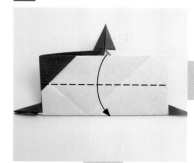

24 도면의 선을 따라 뒷면으로 접는다.

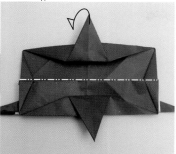

30 발끝을 덮어 접는다.

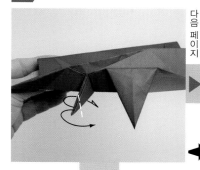

다음 페이지

A의 뒷면을 본 모습

25 도면의 선을 따라 입체적으로 접는다.

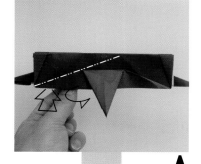

29 도면의 선을 따라 대각선으로 접는다.

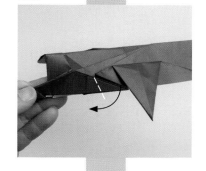

22 반으로 접는다.

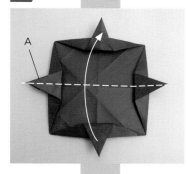

26 위에서 본다.

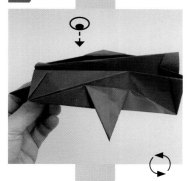

28 -2 접는 중간 단계

21 남은 3곳도 19 ~ 20 와 같이 접는다.

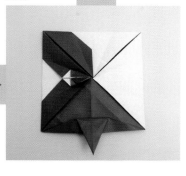

27 도면의 선을 따라 입체적으로 접는다.

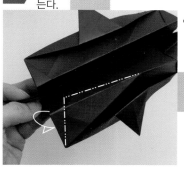

28 굵은 화살표 위치를 눌러 넣듯이 접는다.

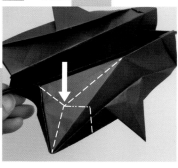

31 반대쪽도 25 ~ 30 와 같이 접습니다.

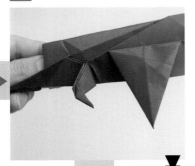

32 ① 삼각형을 반으로 접어 정렬하여 접는다.
② 위쪽을 향하여 펼쳐 접는다.

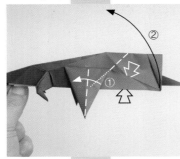

33 도면의 선을 따라 접으면서 왼쪽을 펼친다.

34 ① 도면의 선을 따라 33 닫는다.
② ~에서 펼친 부분을 닫는다.

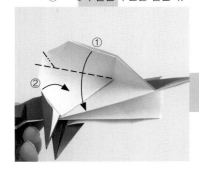

38 입을 펼친다.

37 안쪽 가르기 접기

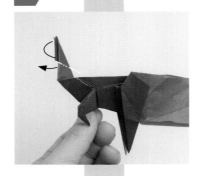

36 안쪽 가르기 접기

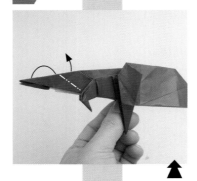

35 반대쪽도 32 ~ 34 와 같이 접습니다.

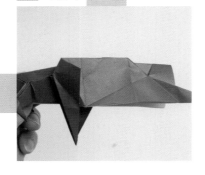

39 다음은 꼬리 부분을 본다.

40 도면의 선을 따라 각도를 조정하여 안쪽으로 계단 접기를 하세요.

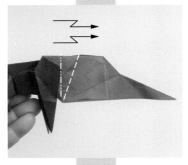

41 도면의 선을 따라 뒤쪽으로 접어 넣는다.

42 도면의 선을 따라 앞쪽으로 접어 넣는다.

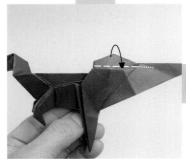

46 반전한다.

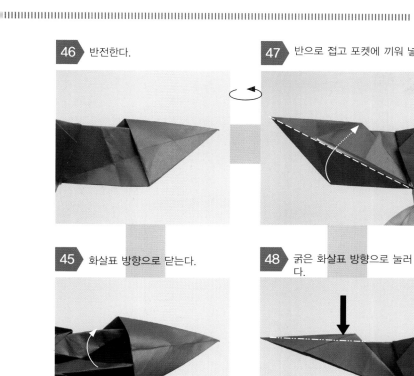

47 반으로 접고 포켓에 끼워 넣는다.

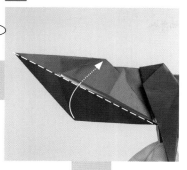

완성!

45 화살표 방향으로 닫는다.

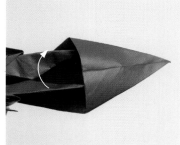

48 굵은 화살표 방향으로 눌러 넣는다.

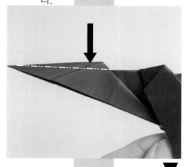

52 반대쪽도 **50** ~ **51** 와 같이 접습니다.

44 펼친다.

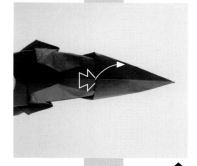

49 전체를 확인하세요.

51 도면의 선을 따라 안쪽 가르기 접기를 한다.

43 위에서 펼쳐서 보세요.

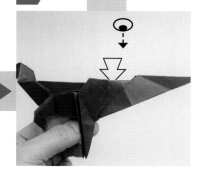

50 도면의 선을 따라 안쪽 가르기 접기를 한다.

뒤에서 보았을 때

이 위치를 안쪽 가르기 접기 한다.

AMMONITE

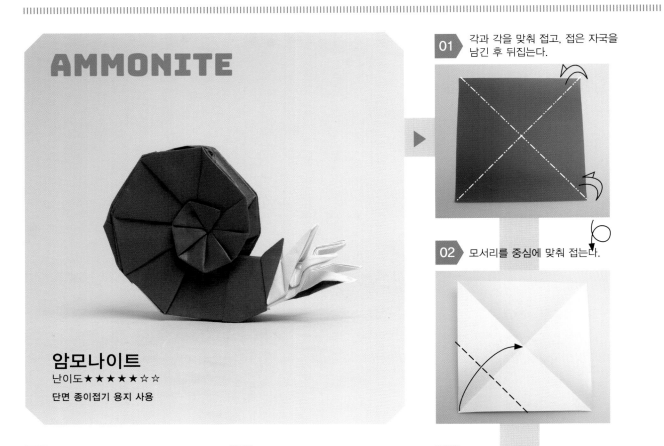

암모나이트
난이도 ★★★★☆☆
단면 종이접기 용지 사용

01 각과 각을 맞춰 접고, 접은 자국을 남긴 후 뒤집는다.

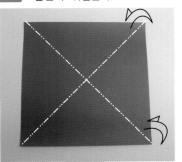

02 모서리를 중심에 맞춰 접는다.

05 모두 펼친다.

04 가장자리를 중심에 맞춰 접는다.

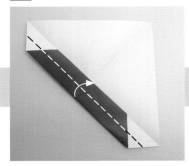

03 가장자리를 중심에 맞춰 접는다.

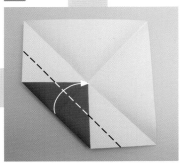

06 둘러싼 부분도 02 ~ 05 와 같이 접는다.

07 반대 방향도 02 ~ 06 와 같이 접는다.

08 뒤집어서 회전하세요.

12 ①② 뒷면으로 접는다.
③ 조금만 뒤쪽으로 접어 넣는다.

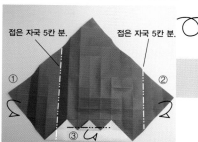

접은 자국 5칸 분.   접은 자국 5칸 분.
① ②
③

13 가장자리를 도면의 접은 자국에 맞춰 접는다.

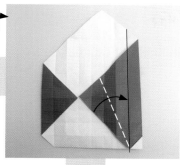

20 각을 도면의 선을 따라 접는다.

기준 위치

다음 페이지

11 각을 접은 자국 1칸 분만큼 접는다.

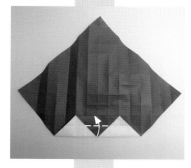

14 가장자리와 가장자리를 맞춰 접는다.

19 도면의 선을 따라 접는다.

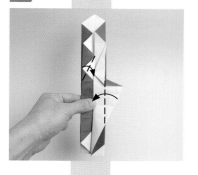

10 접은 자국 2칸 분을 되돌려 접는다.

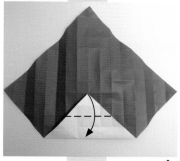

15 도면의 선을 따라 접는다.

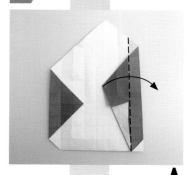

18 도면의 선을 따라 아코디언 모양으로 접는다.

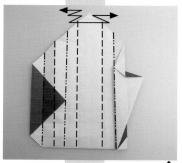

09 아래에서 접은 자국 4칸 분만큼 접는다.

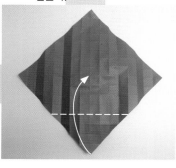

16 가장자리와 가장자리를 맞춰 접는다.

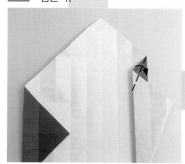

17 접혀 있는 부분을 꺼내고 도면의 선을 따라 접는다.

21 도면의 선을 따라 접는다.

22 안쪽에 접혀 있는 부분을 앞쪽으로 꺼낸다.

이 부분을 앞쪽으로 꺼낸다.

23 180° 회전한다.

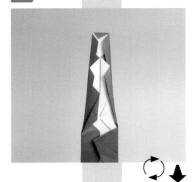

24 도면의 선을 따라 접어 접은 자국을 남기세요.

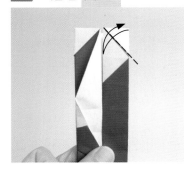

28 안쪽 가르기 접기

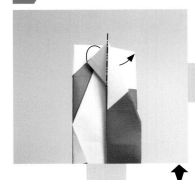

27 안쪽 가르기 접기

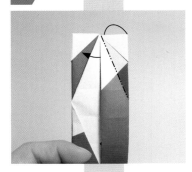

26 접은 자국을 남긴 후 되돌린다.

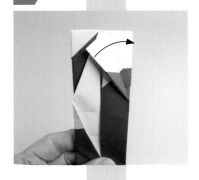

25 **24** ~에서 만든 접은 자국을 중심에 맞춰 접는다.

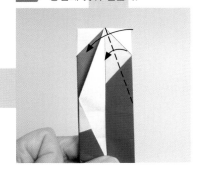

29 안쪽 가르기 접기

30 안쪽 가르기 접기

바깥쪽은 접지 않는다.

31 안쪽 가르기 접기

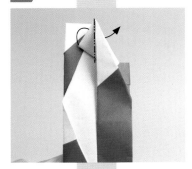

32 안쪽 가르기 접기

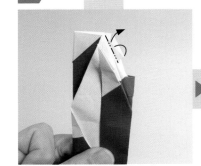

37 둘러싼 부분을 확대한다.

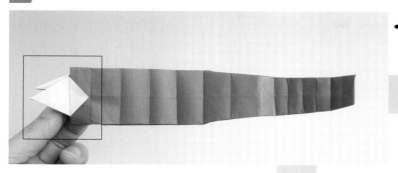

36 도면의 위치(접은 자국과 접은 자국 사이)에 접은 자국을 남긴다.

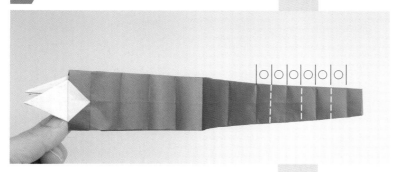

35 기존에 있는 접은 자국을 다시 한 번 골 접기로 접고, 접은 자국을 확실하게 남긴다.

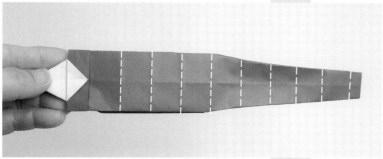

33 왼쪽도 24 ~ 32 와 같이 접는다.

34 뒤집어서 회전하세요.

38 도면의 선을 따라 접는다.

39 도면의 선을 따라 집어 접듯이 접는다.

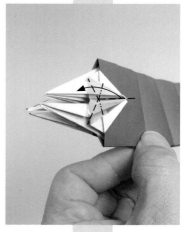

40 도면의 선을 따라 집어 접는다.

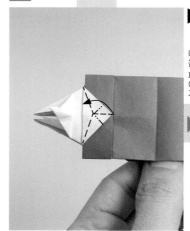

다음 페이지

41 도면의 위치에 접은 자국을 남기세요.

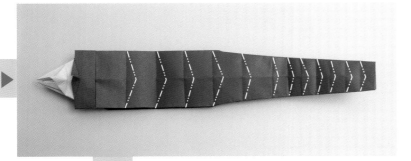

42 도면의 선을 따라 각도를 조정하여 계단 접기를 하면서 말아간다.

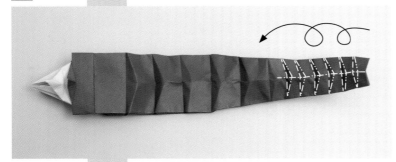

43 접은 자국을 남긴 부분을 모두 말아 간다.

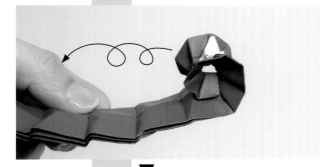

44 시선을 바꾼다.

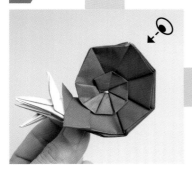

45 접혀 있는 부분을 꺼낸다.

49 시선을 바꾼다.

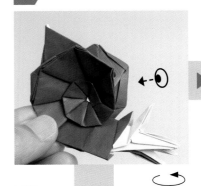

48 반전한다.

47 도면의 선을 따라 접는다.

46 뒤쪽으로 접는다.

50 접혀 있는 부분을 꺼낸다.

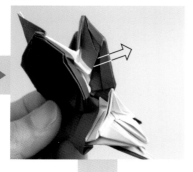

57 도면의 선을 따라 접는다.

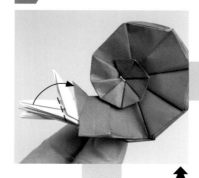

58 ① 도면의 선을 따라 접는다.
② 둘러싼 부분도 57 ~ 58 와 같이 접는다.

51 52 ~을 참고하여 꺼낸 부분을 모은다.

56 안쪽에 접어 넣는다 (반대쪽도 동일하게 접는다.)

위에서 본 곳이다.

52 앞쪽으로 접고 포켓에 끼워 넣는다.

55 확대한다.

59 뒤쪽으로 접어 넣는다 (반대쪽도 동일하게 접는다.)

53 반전한다.

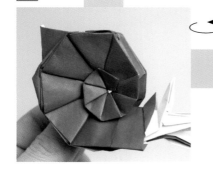

54 앞쪽으로 접고 포켓에 끼워 넣는다.

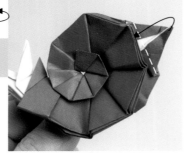

완성!

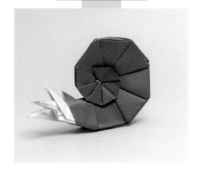

PTERANODON

프테라노돈

난이도 ★ ★ ★ ★ ☆ ☆

단면 종이접기 용지 사용

01 각과 각을 맞춰 접고, 접은 자국을 남긴다.

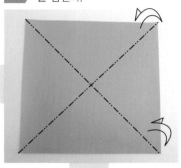

02 도면의 선을 따라 삼등분하여 접는다.

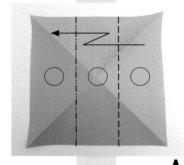

02-2 가볍게 말아 조정한 후에는 맞춰진 상태에서 단단히 접는다.

04 접은 자국이 교차하는 지점을 연결하여 접고, 접은 자국을 남긴다.

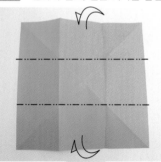

03 접은 자국을 남긴 후 펼친다.

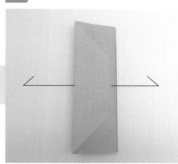

05 뒤집는다.

06 가장자리를 접은 자국에 맞춰 접고, 접은 자국을 남긴다.

07 각을 접은 자국 하나 분만큼 대각선으로 접는다.

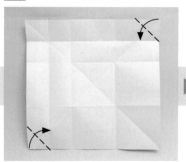

11 도면의 선을 따라 접고, 접은 자국을 남긴다.

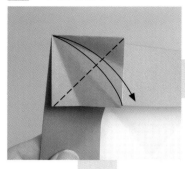

12 안쪽 가르기 접기

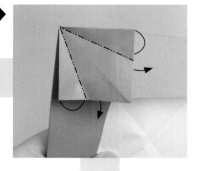

19 도면의 선을 따라 펼친다.

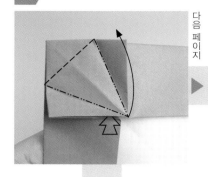

다음 페이지

10 가장자리를 중심에 맞춰 접고, 접은 자국을 남긴다.

13 도면의 선을 따라 펼쳐서 접고, 중심에 닫는다.

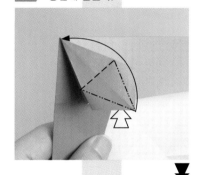

18 가장자리를 중심에 맞춰 접고, 접은 자국을 남긴다.

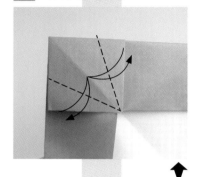

09 도면의 선을 따라 펼쳐서 사각형 모양으로 접는다. 둘러싼 부분을 확대한다.

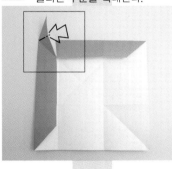

14 도면의 선을 따라 접어서 끼워 넣는다.

17 도면의 선을 따라 펼쳐서 사각형 모양으로 접는다.

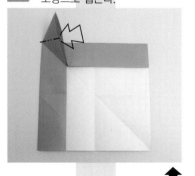

08 기존의 접은 자국을 따라 접고, 각을 세운다.

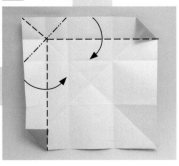

15 전체를 확인하세요.

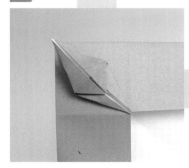

16 도면의 선을 따라 접고, 각을 세운다.

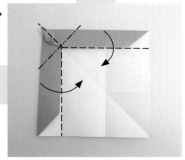

20 중심에 닫는다. (둘러싼 부분은 앞쪽으로 꺼낸다.)

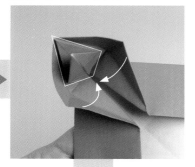

21 도면의 선을 따라 접는다.

22 도면의 선을 따라 뒤쪽으로 접어 넣는다.

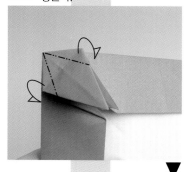

23 가장자리를 색이 바뀌는 부분에 맞춰 접고, 접은 자국을 남긴다.

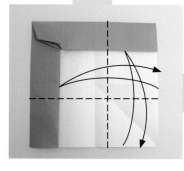

27 가장자리를 중심에 맞춰 접고, 접은 자국을 남긴다.

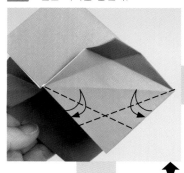

26 가장자리를 중심에 맞춰 접고, 접은 자국을 남긴다.

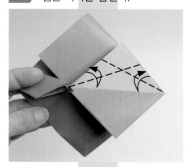

25 도면의 선을 따라 펼쳐서 사각형 모양으로 접는다.

24 도면의 선을 따라 접고, 각을 세운다.

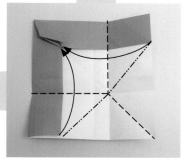

28 도면의 위치를 펼쳐서 시선을 바꾼다.

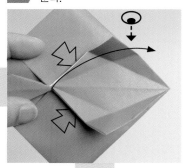

29 도면의 선을 따라 입체적으로 접는다.

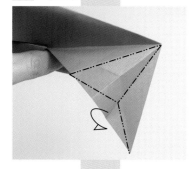

30 굵은 화살표 부분을 눌러 넣듯이 접는다.

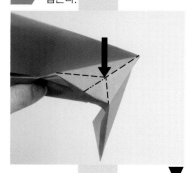

31 화살표 방향으로 접는다.

35 도면의 선을 따라 접는다.

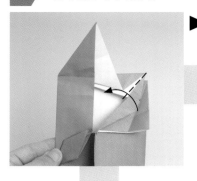

36 둘러싼 부분도 29 ~ 35 와 같이 접는다.

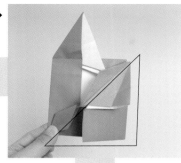

43 왼쪽과 동일하게 도면의 선을 따라 접는다.

다음 페이지

34 도면의 선을 따라 접는다.

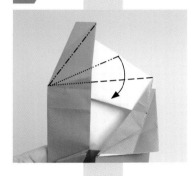

37 회전한다.

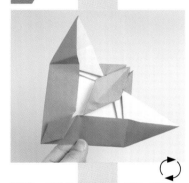

42 머리 부분이 일직선이 되도록 접는다.

이 부분을 수평으로 접는다.

33 접혀 있는 부분을 꺼내고 도면의 선을 따라 접는다.

38 도면의 선을 따라 접고, 접은 자국을 남긴다.

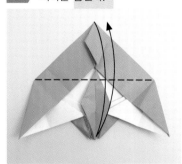

41 도면의 선을 따라 접는다.

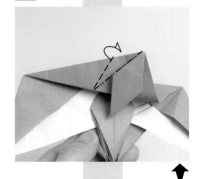

32 도면의 선을 따라 펼친다.

39 ① A를 뒤쪽으로 접는다.
② 전체를 접는다.

A

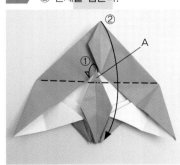

40 가장자리와 가장자리를 맞춰 접는다.

44 ▷ 둘러싼 부분을 확대한다.

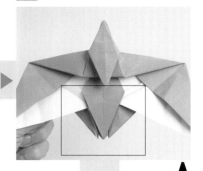

45 ▷ 도면의 선을 따라 접는다.

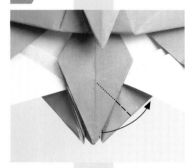

46 ▷ 시선을 바꾼다.

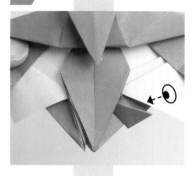

47 ▷ 도면의 선을 따라 안쪽 가르기 접기를 한다.

51 ▷ 도면의 선을 따라 접는다.(반대쪽도 동일하게 접는다.)

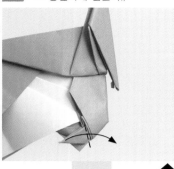

50 ▷ ①안쪽 가르기 접기
②전체를 반으로 접는다.

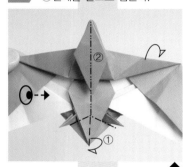

49 ▷ 왼쪽도 **45** ~ **48** 와 같이 접는다.

48 ▷ 도면의 선을 따라 접는다.

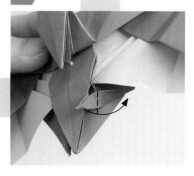

52 ▷ 시선을 바꾼다.

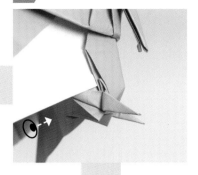

53 ▷ 안쪽 가르기 접기

54 ▷ 닫는다.

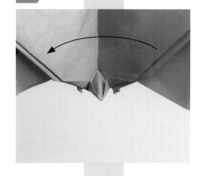

55 ▷ 전체를 확인하세요.

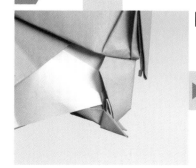

59 머리 부분을 도면의 선을 따라 각도를 조정하여 바깥쪽으로 계단 접기를 한다.

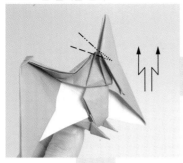

60 입을 펼친다.

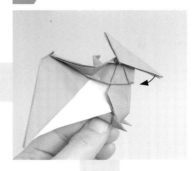

종이접기 한 가지 팁

정성스럽게 종이접기를 하는 것도 중요하지만 정확하게 접으려고 하다가 오히려 잘못될 수도 있습니다.

종이접기에는 다양한 종류가 있으며, 각각 두께도 다릅니다. 종이를 접을 때, 접히는 부분이 많으면 두꺼워져서 정확하게 접은 것처럼 보여도 어긋날 수 있습니다. 접기 도면대로 정확하게 접는 것도 중요하지만, 완성도를 깔끔하게 만들기 위해 약간의 여유를 두거나 접으면서 조정하는 것도 중요한 기술 중 하나입니다.

58 시선을 바꾼다.

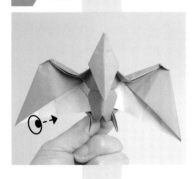

61 반전한다.

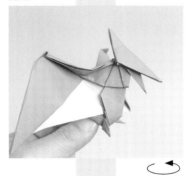

다양한 색으로 공룡을 접어 보자!

공룡의 색은 도감에 따라 다양합니다. 종이접기도 다양한 색상과 무늬가 있어서 좋아하는 색을 찾아서 접어 보세요! 새로운 발견이 있을지도 모릅니다.

57 모아서 도면의 선을 따라 접는다.

62 세우려면, 꼬리의 각도를 조절하여 발과 3점으로 균형을 맞춘다.

56 도면의 선을 따라 접는다.(반대쪽도 동일하게 접는다.)

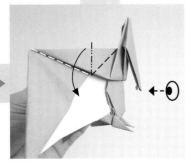

완성!

MAMMOTH

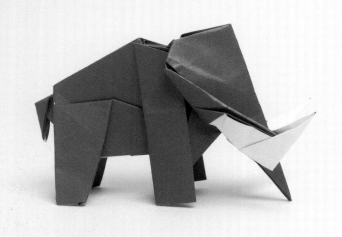

맘모스
난이도★★★★☆☆
단면 종이접기 용지 사용

기본 접은 자국 세로와 가로 8등분에서 시작한다.

01 뒤집는다.

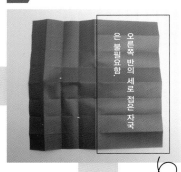

오른쪽 반의 세로 접은 자국은 불필요함.

02 각을 접은 자국 하나 분만큼 대각선으로 접는다.

03 접은 자국 한 칸 분만큼 접어 모서리를 세운다.

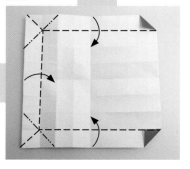

04 둘러싼 부분을 확대한다.

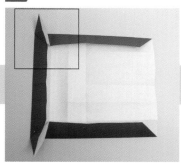

05 덮어 접는다.

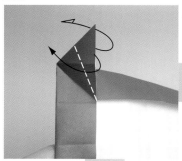

06 도면의 위치를 펼쳐가며 굵은 화살표 부분을 눌러 삼각형 모양으로 접는다.

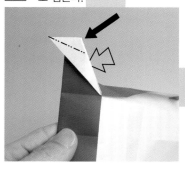

07 반대쪽도 **05** ~ **06** 와 같이 접는다.

08 둘러싼 부분을 확대한다.

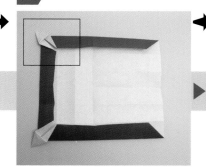

12 모아서 화살표 방향으로 넘긴다.

13 화살표 방향으로 접고, 반대쪽도 09 ~ 13 와 같이 접는다.

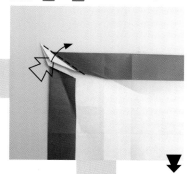

20 둘러싼 부분도 17 ~ 18 와 같이 접는다.

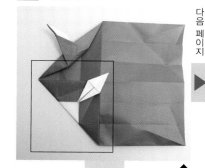

다음 페이지

11 모아서 화살표 방향으로 넘긴다.

14 각각 가장자리를 기준선에 맞춰 접고, 접은 자국을 남긴다.

19 전체를 확인하세요.

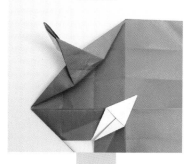

10 가장자리를 기준선에 맞춰 접고, 접은 자국을 남긴다.

15 뒤집는다.

18 도면의 선을 따라 접는다.

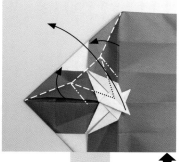

09 도면의 선을 따라 접는다.

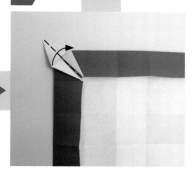

16 도면의 선을 따라 접는다.

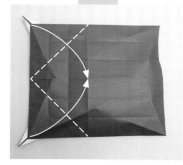

17 가장자리와 가장자리를 맞춰 접고, 접은 자국을 남긴 후 둘러싼 부분을 확대한다.

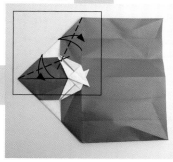

21 도면의 선을 따라 접는다.

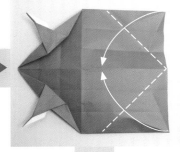

28 반대쪽도 26 ~ 27 와 같이 접는다.

29 위에서 펼쳐서 보세요.

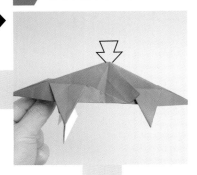

22 가장자리와 가장자리를 맞춰 접고, 접은 자국을 남긴다.

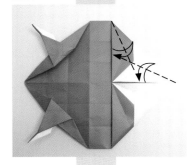

27 도면의 선을 따라 접는다.

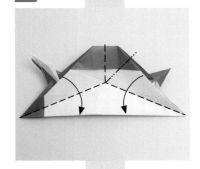

30 반으로 접어 접은 자국을 남기세요.

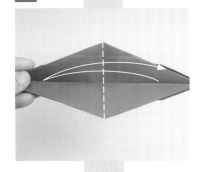

23 도면의 선을 따라 접는다.

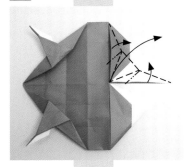

26 가장자리와 가장자리를 맞춰 접고, 접은 자국을 남긴다.

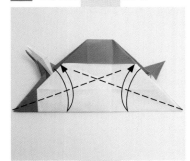

31 도면의 선을 따라 접는다.

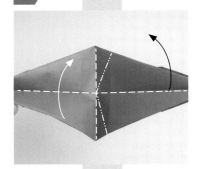

24 둘러싼 부분도 22 ~ 23 와 같이 접는다.

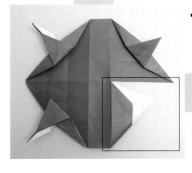

25 반으로 접는다.

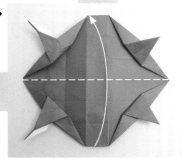

32 도면의 선을 따라 접는다.(반대쪽도 동일하게 접는다.)

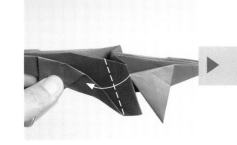

36 접혀 있는 부분을 앞쪽으로 꺼낸다.

37 도면의 선을 따라 가볍게 접는다.

44 도면의 선을 따라 모아서 접고, 접은 자국을 남긴다.

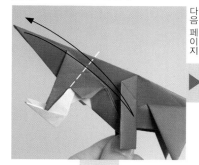

다음 페이지

35 펼친다.

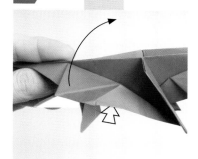

38 시선을 바꾼다.

43 도면의 선을 따라 접고, 반대쪽도 **33** ~ **43** 와 같이 접는다.

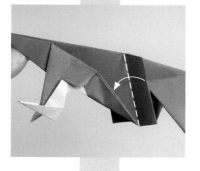

34 펼친다.

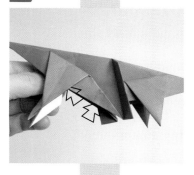

39 도면의 선을 따라 접는다.

42 도면의 선을 따라 접는다.

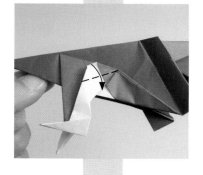

33 펼친다.

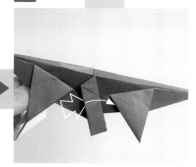

40 도면의 선을 따라 펼친다.

41 도면의 선을 따라 접는다.

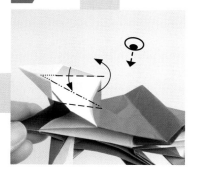

45 위에서 펼쳐서 보세요.

46 도면의 선을 따라 (**44** ~에서 만든 접은 자국) 입체적으로 접는다.

47 도면의 선을 따라 접는다.

48 도면의 선을 따라 접는다.

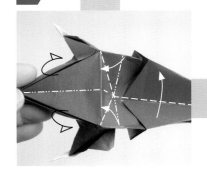

51 도면의 선을 따라 뒤쪽으로 접어 넣는다.

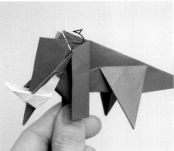

50 반대쪽도 **49** ~와 같이 접는다.

49 송곳니를 앞쪽으로 접는다.

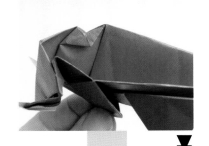

48⁻² 접는 중간 단계이다.

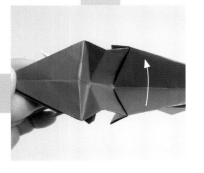

52 반대쪽도~ **51** 와 같이 접는다.

53 도면의 선을 따라 펼쳐서 접는다.

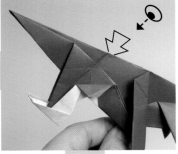

54 반대쪽도 **53** ~와 같이 접는다.

55 끝부분을 덮어 접는다.

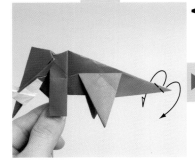

59 56 ~에서 만든 접은 자국을 사용하여 모아서 계단 접기를 한다.

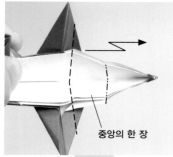

중앙의 한 장

60 닫는다.

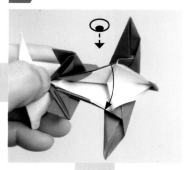

58 아래에서 펼쳐서 (중앙의 한 장은 한쪽으로 모은다) 보고 확인한다.

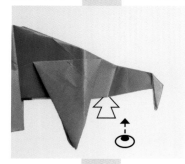

61 도면의 선을 따라 뒤쪽으로 접는다.(반대쪽도 동일하게 접는다.)

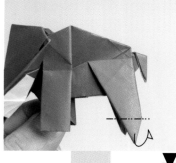

완성!

57 접은 자국을 남긴 후 되돌린다.

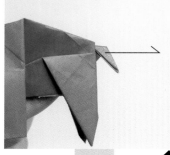

62 뒷발의 앞부분을 넘겨서 뒤쪽의 발을 본다.

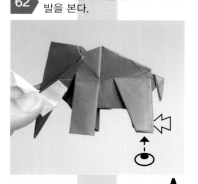

65 반대쪽 발도 63 ~ 64 와 같이 접는다.

56 57 ~의 사진을 참고하여 도면의 선을 따라 모아서 계단 접기를 한다.

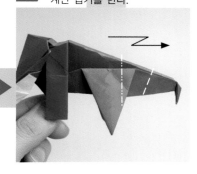

63 한 번 되돌린다.

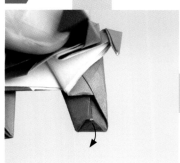

64 기존의 접은 자국을 사용하여 안쪽 가르기 접기를 한다.

SPINOSAURUS

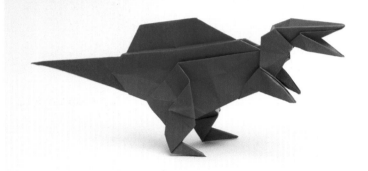

스피노사우루스
난이도 ★★★★★☆

단면 종이접기 용지 사용

01 세로와 가로로 반으로 접어 접은 자국을 남긴다.

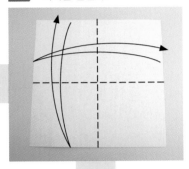

02 각과 각을 맞춰 접어 접은 자국을 남기세요.

03 가장자리를 중심에 맞춰 접어 접은 자국을 남기세요.

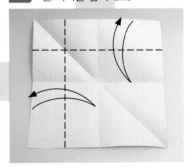

04 가장자리를 접은 자국에 맞춰 접고, 접은 자국을 남긴다.

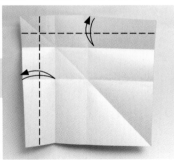

05 각을 접은 자국 하나 분만큼 대각선으로 접는다.

06 기존의 접은 자국을 따라 접고, 각을 세운다.

07 도면의 위치를 펼쳐서 사각형 모양으로 접는다.

08 도면의 선을 따라 접고, 접은 자국을 남긴다.

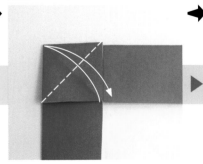

다음 페이지

12 도면의 선을 따라 접어서 끼워 넣는다.

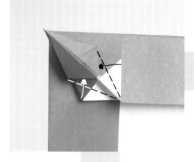

13 전체를 확인하세요.

20 도면의 선을 따라 위쪽으로 펼친다.

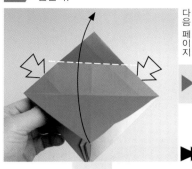

11 도면의 선을 따라 펼쳐서 접고, 중심에 닫는다.

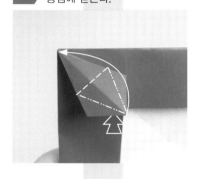

14 도면의 위치에 접은 자국을 남기세요.

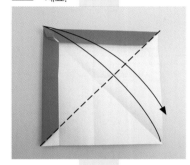

19 각을 접은 자국에 맞춰 접고, 접은 자국을 남긴다.

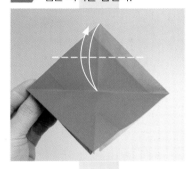

10 도면의 선을 따라 안쪽 가르기 접기를 한다.

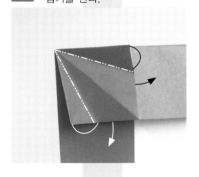

15 세로와 가로로 반으로 접어 접은 자국을 남긴다.

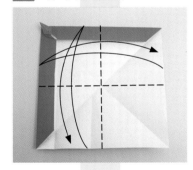

18 도면의 선을 따라 접고, 접은 자국을 남긴다.

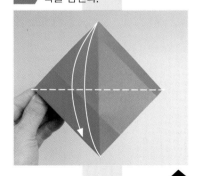

09 가장자리를 중심에 맞춰 접어 접은 자국을 남기세요.

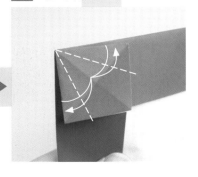

16 45° 회전한다.

17 도면의 선에 따라 접는다.

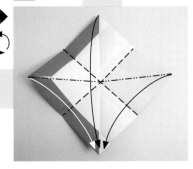

071

21 AB를 사각형 모양으로 접는다 (**22** 참조.)

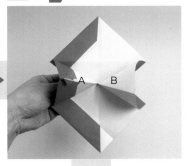

28 뒷면으로 접는다.

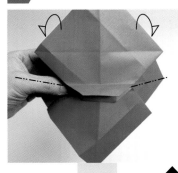

29 굵은 화살표 부분을 도면의 선을 따라 안쪽으로 눌러 넣는다.

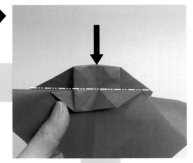

22 뒤집는다.

27 도면의 선을 따라 접는다.

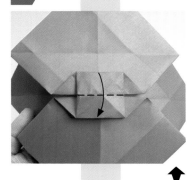

30 닫는다.

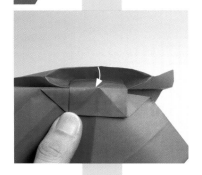

23 각을 접은 자국에 맞춰 접고, 접은 자국을 남긴다.

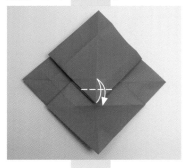

26 둘러싼 부분을 확대한다.

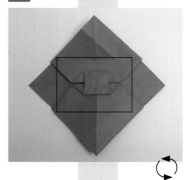

31 도면의 선을 따라 약간 대각선으로 접는다.

24 도면의 위치를 펼친다.

25 C를 위에서 눌러서 사각형 모양으로 접고, 180° 회전한다.

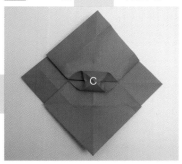

32 뒤집는다.

36 도면의 선을 따라 접어서 세워 올린다.

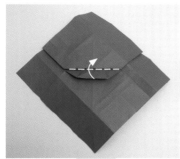

37 도면의 위치를 펼쳐서 입체적으로 접는다.

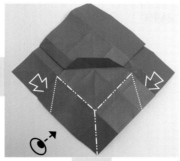

42 도면의 선을 따라 접고, 접은 자국을 남긴다.

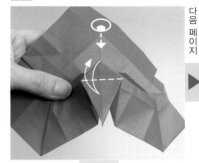

다음 페이지

35 뒤집는다.

38 도면의 선을 따라 접는다.

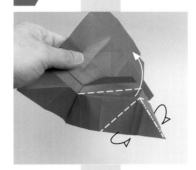

41 도면의 선을 따라 접는다.

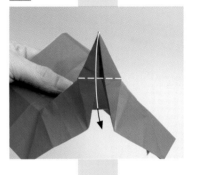

34 가장자리를 중심에 맞춰 접어 접은 자국을 남기세요.

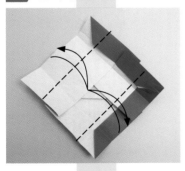

오른쪽에서 본 곳이다.

40 도면의 선을 따라 펼쳐서 중심으로 접어 닫는다.

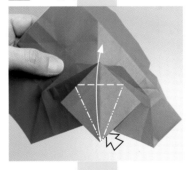

33 가장자리를 중심에 맞춰 접어 접은 자국을 남기세요.

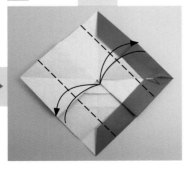

38 -2 접는 중간 단계이다.

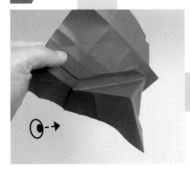

39 도면의 선을 따라 펼쳐서 사각형 모양으로 접는다.

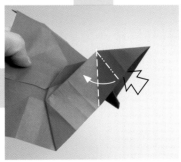

43 도면의 선을 따라 접는다.

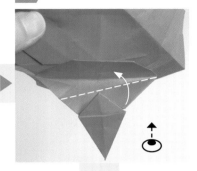

50 도면의 선을 따라 접는다.

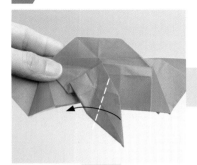

51 도면의 선을 따라 뒤쪽으로 접는다.

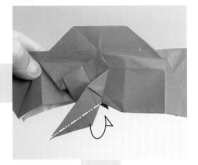

44 한 번 펼친다.

49 도면의 선을 따라 접는다.

52 앞쪽을 펼쳐서 안쪽 가르기 접기를 한다.

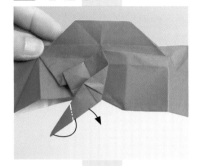

45 도면의 선을 따라 입체적으로 접는다.

48 아래쪽으로 넘긴다.

53 반대쪽도 37 ～ 52 와 같이 접습니다.

46 원래처럼 접는다.

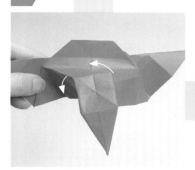

47 왼쪽으로 넘긴다.

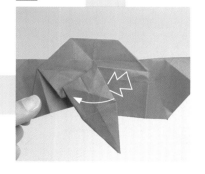

54 펼친다.

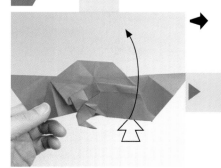

다음
페
이
지

58 도면의 선을 따라 뒤쪽으로 접는다.

59 도면의 선을 따라 접는다.

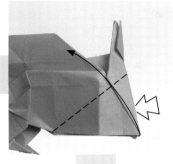

66 머리 부분을 화살표 방향으로 꺼낸다.

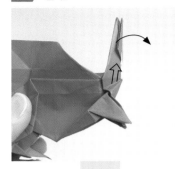

57 안쪽에 접혀 있는 부분을 앞쪽으로 꺼낸다.

여기를 앞쪽으로 꺼낸다.

60 가장자리와 가장자리를 맞춰 접고, 접은 자국을 남긴다.

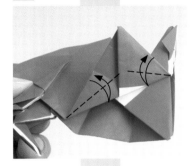

65 옆에서 본다.

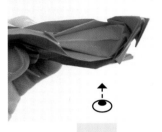

56 도면의 선을 따라 위쪽으로 펼쳐서 접고, 중심에 닫는다.

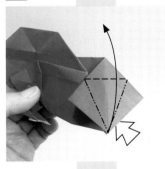

61 도면의 선을 따라 접는다.

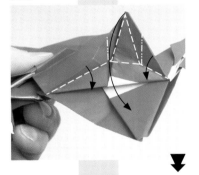

64 굵은 화살표 부분을 눌러 넣고 펼친다.

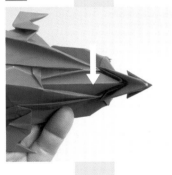

55 도면의 선을 따라 접는다.

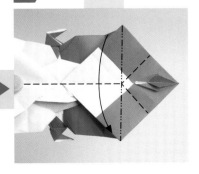

62 반대쪽도 59 ~ 61 와 같이 접습니다.

63 위에서 본다.

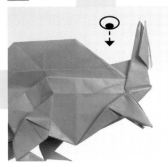

67 굵은 화살표 부분을 눌러 넣듯이 접는다.

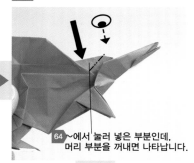

64~에서 눌러 넣은 부분인데, 머리 부분을 꺼내면 나타납니다.

74 반전한다.

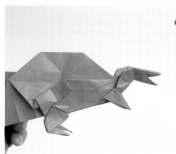

75 아래쪽에서 펼친다.

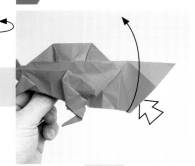

68 왼쪽으로 접는다.

73 뒤쪽으로 접어 넣는다 (반대쪽도 동일하게 접는다.)

76 가장자리를 접은 자국에 맞춰 접는다.

이 선은 자연스럽게 접는다.

69 도면의 선을 따라 입체적으로 접는다.

72 전체를 확인하세요.

77 접은 자국을 남긴 후 되돌린다.

70 도면의 선에 따라 접는다.

71 입을 펼친다.

78 가장자리를 접은 자국에 맞춰 접는다.

82 도면의 선을 따라 접어서 끼워 넣는다.

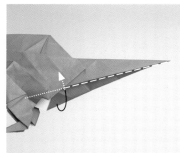

83 둘러싼 부분을 확대한다.

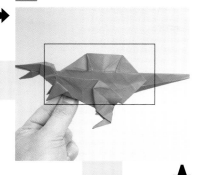

81 닫는다.

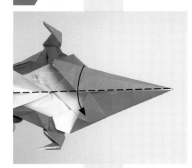

84 계단 접기

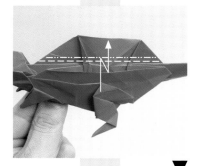

80 가장자리를 중심에 맞춰 접는다.

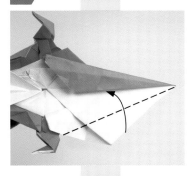

완성!

79 가장자리를 중심의 접은 자국에 맞춰 접는다.

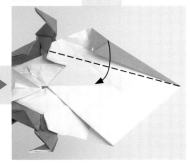

반대쪽에서 본 곳이다.

종이접기 한 가지 팁

접기 도면을 볼 때는 다음 단계의 사진을 잘 살펴보자.

접기 도면을 보고 접을 때, 그 장면의 접은 선과 접는 방향만 보는 경향이 있습니다. 하지만 중요한 것은 그 결과가 어떻게 변할지를 잘 이해하는 것입니다. 즉, 어떤 동작을 하면 그 형태가 만들어지는지 상상력을 발휘하여 접는 것이죠. 이 퍼즐을 푸는 듯한 느낌이 종이접기의 재미 중 하나입니다.

다양한 색으로 공룡을 접어 보자! ②

시판되는 양면 종이에는 다양한 색 조합이 있습니다. 예상치 못한 색 조합이라도 실제로 접어보면 멋지게 완성될 수 있습니다!

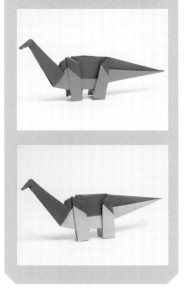

TRICERATOPS

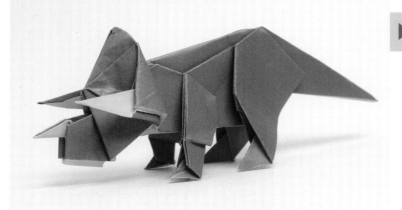

트리케라톱스
난이도 ★ ★ ★ ★ ☆ ☆

양면 종이접기 용지 사용

01 세로와 가로로 반으로 접어 접은 자국을 남긴다.

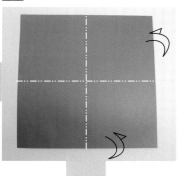

02 각과 각을 맞춰 접어 접은 자국을 남기세요.

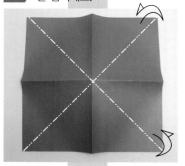

05 가장자리와 가장자리를 맞춰 접고, 접은 자국을 남긴다.

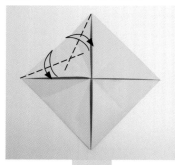

04 모서리를 중심에 맞춰 접는다.

03 가장자리를 중심에 맞춰 접고, 접은 자국을 남긴다.

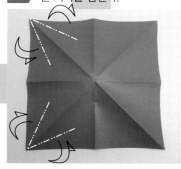

06 도면의 선을 따라 접는다.

07 도면의 선을 따라 접는다.

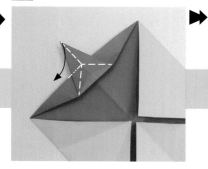

08 둘러싼 부분도 **05** ～ **07** 와 같이 접는다.

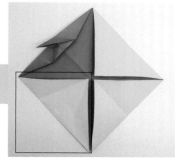

12 도면의 위치에 접은 자국을 남기세요.

이쪽으로 넘겨 둔다.

이쪽으로 넘겨 둔다.

13 반으로 접는다.

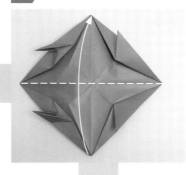

20 도면의 선을 따라 접고, 접은 자국을 남긴다.

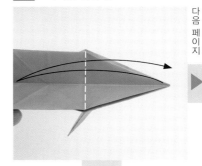

다음 페이지

11 도면의 선을 따라 집어 접는다.

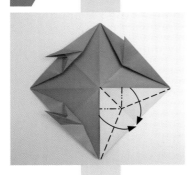

14 가장자리와 가장자리를 맞춰 접고, 접은 자국을 남긴다.

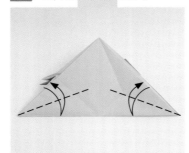

19 위에서 펼쳐서 보세요.

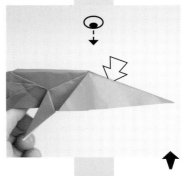

10 도면의 선을 따라 집어 접는다.

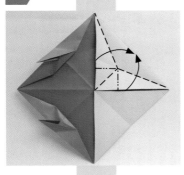

15 도면의 선을 따라 접는다.

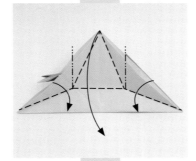

18 반대쪽도 14 ~ 17 와 같이 접습니다.

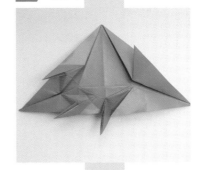

09 가장자리와 가장자리를 맞춰 접고, 접은 자국을 남긴다.

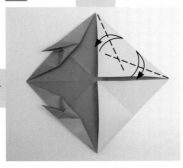

16 도면의 선을 따라 접는다.

17 도면의 선을 따라 접는다.

21 기존의 접은 자국과 도면의 선을 따라 각도를 조정하여 접는다.

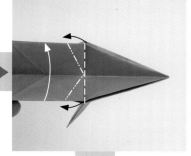

27 도면의 선을 따라 각도를 조정하여 안쪽으로 계단 접기를 한다.

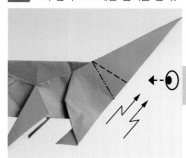

도면의 위치를 펼친다.

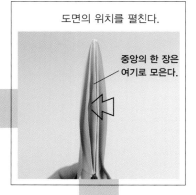

중앙의 한 장은 여기로 모은다.

21-2 접는 중간 단계이다.

26 반대쪽도 23과 25 접습니다.

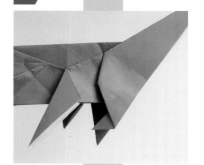

27-2 접는 중간 단계이다.

중앙의 한 장

22 내측만 도면의 선을 따라 접는다. (반대쪽도 동일하게 접는다.)

25 안쪽 가르기 접기

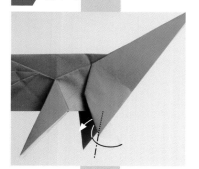

27-3 접는 중간 단계이다.

23 도면의 선을 따라 뒤쪽으로 접어 넣는다.

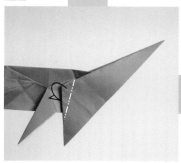

24 안쪽 가르기 접기

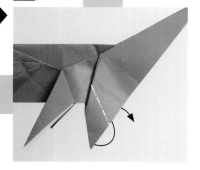

28 도면의 위치를 펼친다.

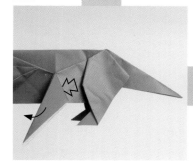

32 도면의 선을 따라 입체적으로 접는다.

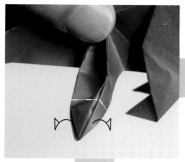

33 도면의 선을 따라 접는다.

38 중앙의 한 장을 한쪽으로 모은 후 아래에서 펼쳐서 본다.

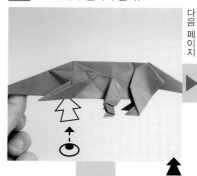

다음 페이지

31 도면의 위치를 펼친다.

34 도면의 선을 따라 각도를 조정하여 계단 접기를 한다.

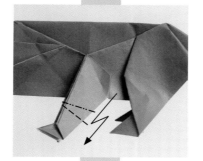

37 반대쪽도 28 ~ 36 와 같이 접습니다.

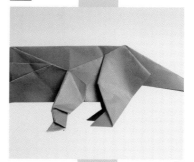

30 뒤쪽으로 접어 넣는다.

35 접은 자국을 남긴 후 되돌린다.

36 -3 접는 중간 단계이다.

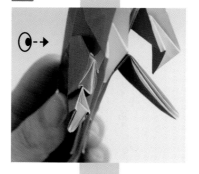

29 도면의 선을 따라 접는다.

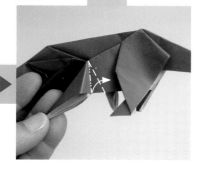

36 34 에서 만든 접은 자국을 사용하여 각도를 조정하여 안쪽으로 계단 접기를 한다.

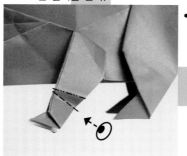

36 -2 접는 중간 단계이다.

39 도면의 선을 따라 가볍게 접는다.

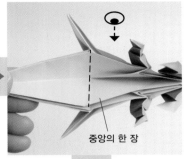

중앙의 한 장

40 도면의 선을 따라 각도를 조정하여 바깥쪽으로 가볍게 계단 접기를 한다.

41 반전한다.

42 모아서 도면의 선을 따라 접는다.

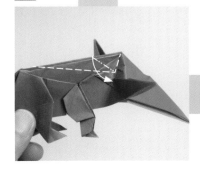

46 끝부분을 안쪽 가르기 접기 한다.

45 반대쪽도 **44** ~와 같이 접는다.

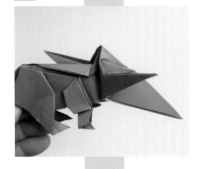

44 도면의 선을 따라 접는다.

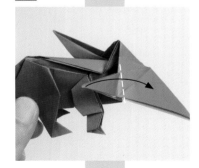

43 ① 접어 넣으면서
② 덮어 접는다.

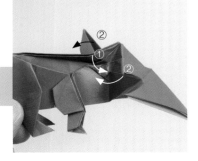

47 도면의 선을 따라 모아서 접고, 접은 자국을 남긴다.

48 도면의 선을 따라 안쪽으로 접어 넣으세요.

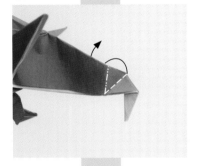

49 도면의 선을 따라 모아서 접고, 접은 자국을 남긴다.

50 아래에서 펼쳐서 있는 접은 자국을 사용하여 안쪽으로 계단 접기를 한다.

54 도면의 선을 따라 접는다.

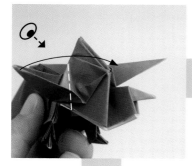

55 도면의 선을 따라 뿔을 회전시키면서 접는다.

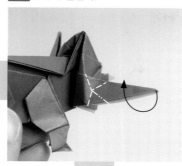

종이접기 한 가지 팁:

종이질에 따라 접기 완성도가 올라갈 수 있다!?

53 뿔 부분을 닫는다.

55-2 접는 중간 단계이다.

현재, 다양한 종류의 종이접기가 시판되고 있지만, 그 종이의 질감도 매우 다양합니다. 제가 접기 쉬운 종이는 "탄력"이 있는 종이입니다. 접은 접은 자국이 확실하게 남고, 다시 펴지지 않거나 덜 펴지는 종이가 좋습니다. 두께는 접을 내용에 따라 구분해서 사용합니다.

52 도면의 선을 따라 펼친다.

56 앞쪽의 한 장만 펼친다.

완성!

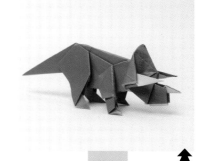

51 펼친다.

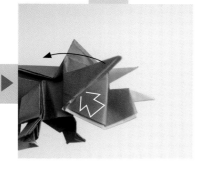

57 뒤쪽으로 접어 넣는다.

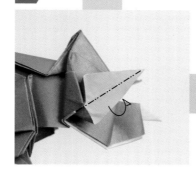

58 반대쪽도 **51** ~ **57** 와 같이 접습니다.

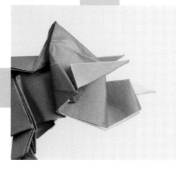

TYRANNOSAURUS REX

티라노사우루스
난이도 ★★★★★☆

양면 종이접기 용지 사용

01 각과 각을 맞춰 접어 접은 자국을 남기세요.

02 각과 각을 맞춰 접는다.

03 각을 모아서 가장자리에 맞춰 접고, 접은 자국을 남긴다.

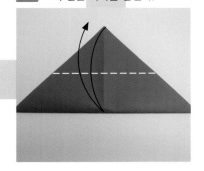

04 가장자리를 접은 자국에 맞춰 접는다.

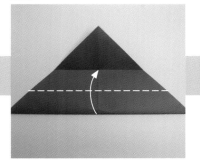

05 가장자리와 가장자리를 맞춰 접는다.

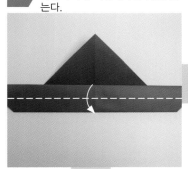

06 앞쪽만 가장자리와 가장자리를 맞춰 접는다.

07 모두 펼친다.

09 둘러싼 부분을 확대한다.

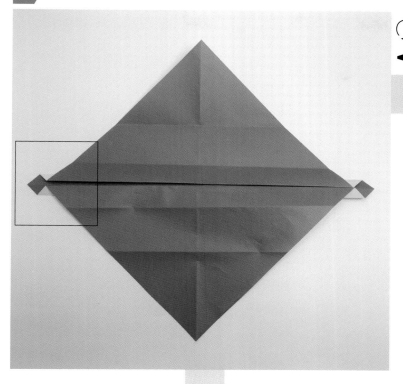

10 도면의 선을 따라 접고, 접은 자국을 남긴다.

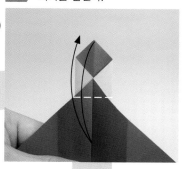

11 도면의 선을 따라 펼쳐서 접는다.

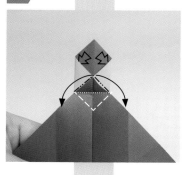

08 도면의 선을 따라 계단 접기를 한다.

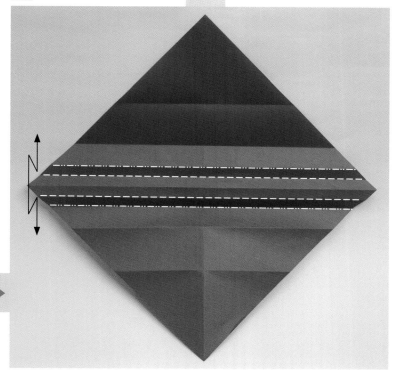

12 도면의 선을 따라 접는다.

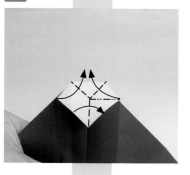

13 도면의 선을 따라 펼쳐서 사각형 모양으로 접는다.

다음 페이지

14 도면의 선을 따라 펼친다.

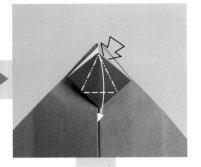

21 반으로 접어 접은 자국을 남기세요.

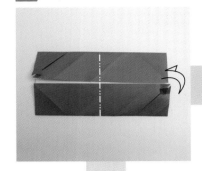

22 좌우를 중심에 맞춰 접고, 접은 자국을 남긴다.

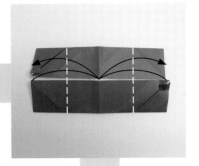

15 중심에 닫는다.

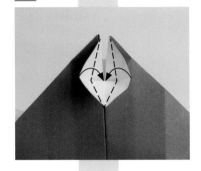

20 가장자리를 중심에 맞춰 접는다.

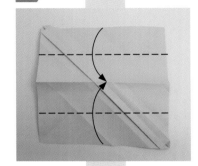

23 도면의 선을 따라 펼쳐서 위아래로 접는다.

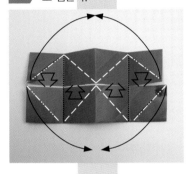

16 도면의 선을 따라 접는다.

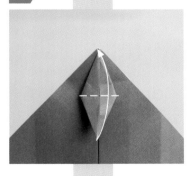

19 반으로 접어 접은 자국을 남기세요.

24 도면의 선을 따라 펼쳐서 사각형 모양으로 접는다.

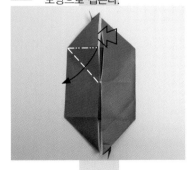

17 반대쪽도 10 ~ 16 와 같이 접는다.

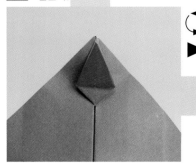

18 뒤집는다.

25 둘러싼 부분을 확대한다.

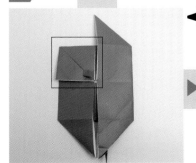

29 전체를 확인하세요.

30 남은 3곳도 24 ~ 29 와 같이 접는다.

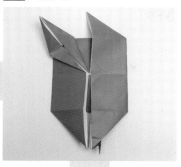

37 둘러싼 부분도 33 ~ 35 와 동일하게 접어서 뒤집는다.

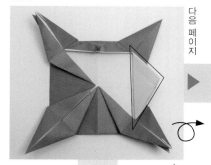

다음 페이지

28 중심에 닿는다.

31 도면의 선을 따라 접는다.

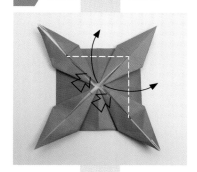

36 전체를 확인하세요.

27 도면의 선을 따라 펼친다.

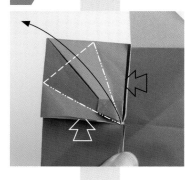

32 둘러싼 부분을 확대한다.

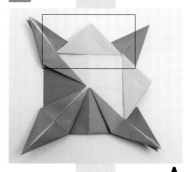

35 굵은 화살표 부분을 눌러 넣듯이 접는다.

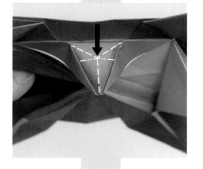

26 가장자리를 중심에 맞춰 접어 접은 자국을 남기세요.

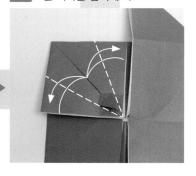

33 도면의 선을 따라 접는다.

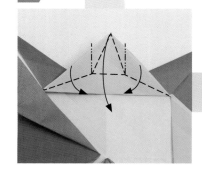

34 시선을 바꾼다.

38 도면의 선을 따라 접는다.

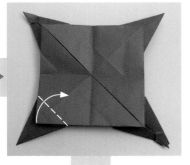

44 ⁴⁵ 사진을 참고하여 화살표 방향으로 접는다.

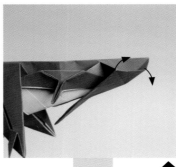

45 도면의 선을 따라 덮어 접는다.

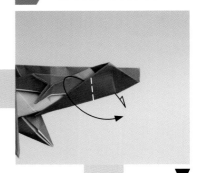

39 도면의 선을 따라 접는다.

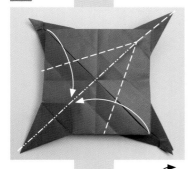

43 덮어 접는다.

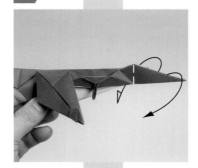

46 안쪽 가르기 접기

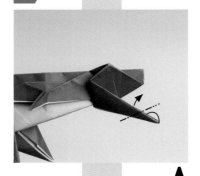

39⁻² 접는 중간 단계이다.

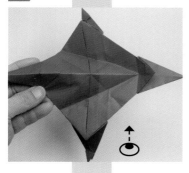

42 접혀 있는 부분을 꺼낸다.
(반대쪽도 동일하게 접는다.)

47 도면의 선을 따라 접는다.

40 도면의 선을 따라 접는다.

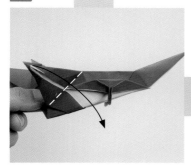

41 반대쪽도 **40** ~와 같이 접는다.

48 앞쪽으로 접어 넣는다.

52 ▸ 둘러싼 부분을 안쪽으로 넣는다
(53 사진 참고.)

53 ▸ 발 전체를 확인하세요.

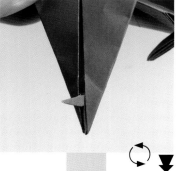

60 ▸ 반전하고 앞발을 본다.

다음 페이지

51 ▸ 도면의 선을 따라 세워 올린다.

54 ▸ 도면의 선을 따라 접는다.

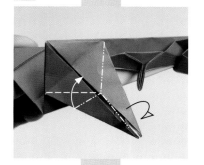

59 ▸ 발가락을 각각 가로로 접는다
(60 사진 참고.)

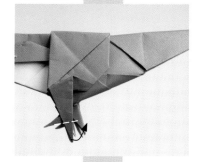

50 ▸ 둘러싼 부분을 확대한다.

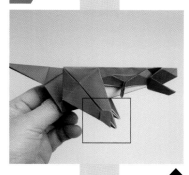

55 ▸ 뒤쪽으로 접어 넣는다.

58 ▸ 앞쪽으로 접어서 끼워 넣는다.

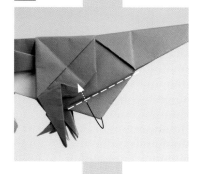

49 ▸ 전체를 확인하세요.

56 ▸ 반대쪽도 51 ~ 55 와 동일하게
접어서 반전한다.

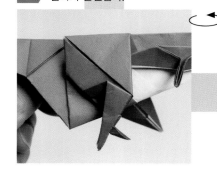

57 ▸ 도면의 선을 따라 뒤쪽으로 접어
넣는다.

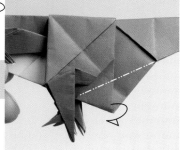

61 도면의 선을 따라 대각선으로 접는다.(반대쪽도 동일하게 접는다.)

62 아래에서 펼쳐서 도면의 선을 따라 약간 각도를 조정하여 바깥쪽으로 계단 접기를 한다.

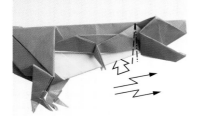

완성!

ADVENTURE TRUCK

어드벤처 트럭
난이도★★★★★★★

양면 종이접기 용지 사용

02 접은 자국을 남긴 후 되돌린다.

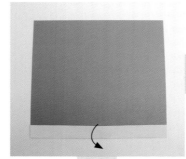

01 종이 크기의 10분의 1 너비로 접는다. (자를 사용하여 측정)

03 전체를 반으로 접는다.

04 다시 한 번 접은 자국을 따라 접는다.

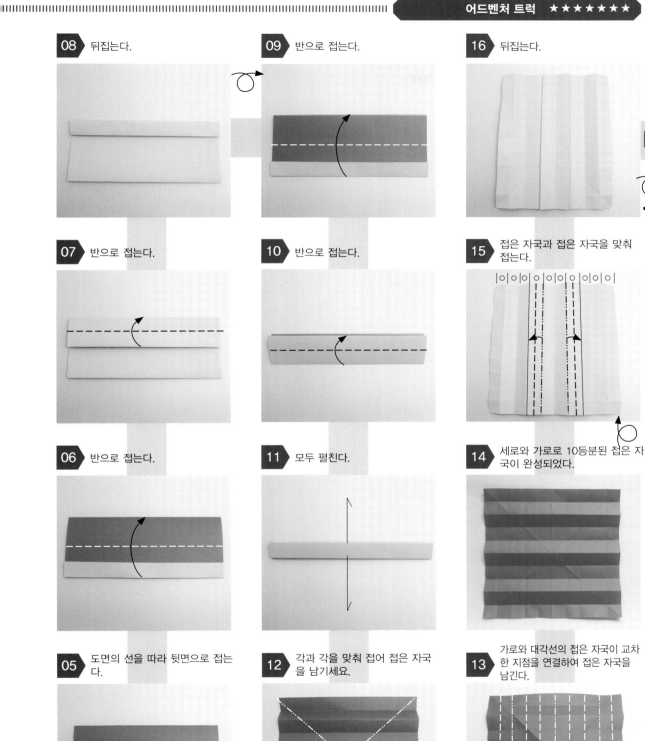

08 뒤집는다.

09 반으로 접는다.

16 뒤집는다.

다음 페이지

07 반으로 접는다.

10 반으로 접는다.

15 접은 자국과 접은 자국을 맞춰 접는다.

06 반으로 접는다.

11 모두 펼친다.

14 세로와 가로로 10등분된 접은 자국이 완성되었다.

05 도면의 선을 따라 뒷면으로 접는다.

12 각과 각을 맞춰 접어 접은 자국을 남기세요.

13 가로와 대각선의 접은 자국이 교차한 지점을 연결하여 접은 자국을 남긴다.

17 접은 자국과 접은 자국을 맞춰 접고, 접은 자국을 남긴다.

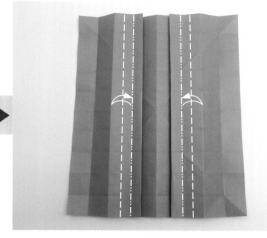

18 도면의 선을 따라 가볍게 접는다.

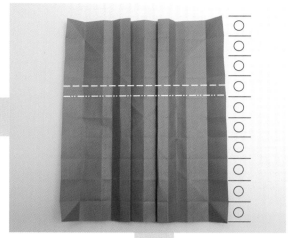

20 180° 회전한다.

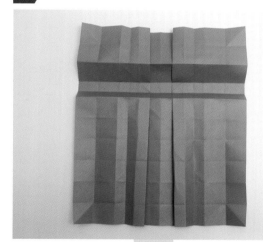

19 도면의 선을 따라 가볍게 접는다.

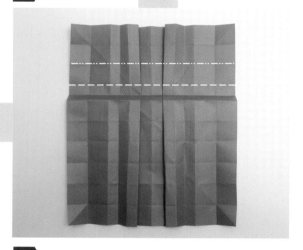

21 도면의 선을 따라 가볍게 접는다.

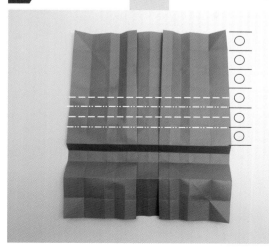

22 둘러싼 부분을 확대한다.

25 접은 부분의 중심을 반으로 접는다.

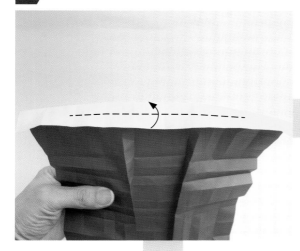

26 도면의 선을 따라 원래처럼 접는다.

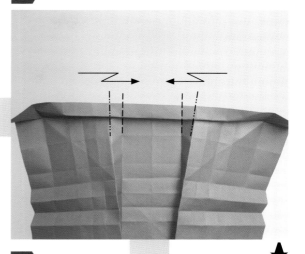

24 접은 자국 1칸 분만큼 접는다.

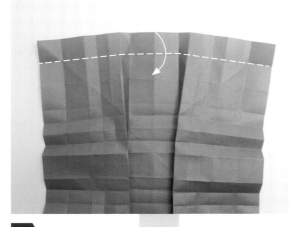

27 도면의 위치를 펼쳐서 아래쪽으로 접는다.

앞쪽을 펼친다.

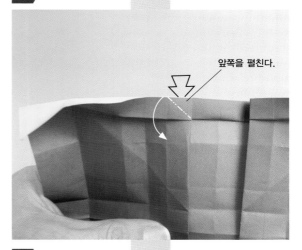

23 겹친 부분을 펼친다.

28 둘러싼 부분(오른쪽 반)도 **27** ~와 같이 접는다.

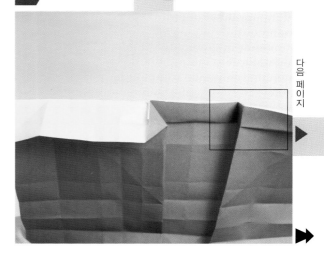

다음 페이지

29 안쪽 가르기 접기

30 도면의 선을 따라 접는다.

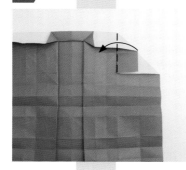

31 도면의 선을 따라 접는다.

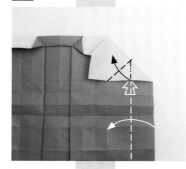

32 도면의 선을 따라 접는다.

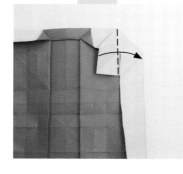

36 도면의 선을 따라 입체적으로 접는다.

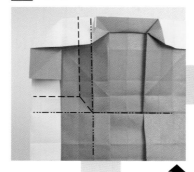

35 둘러싼 부분을 확대한다.

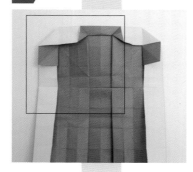

34 모아서 계단 접기를 한다.

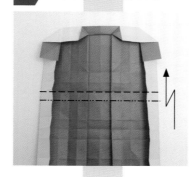

33 왼쪽도 **29** ～ **32** 와 같이 접는다.

37 화살표 방향으로 접는다.

38 반대쪽도 **36** ～ **37** 와 같이 접습니다.

39 180° 회전한다.

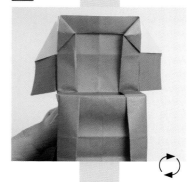

40 도면의 위치에 접은 자국을 남기세요.

여기

44 도면의 위치를 펼친다.

45 도면의 선을 따라 접는다.

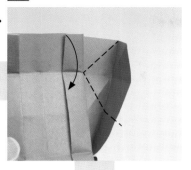

52 화살표 방향으로 접고, 오른쪽 끝도 삼각형 모양으로 접는다.

다음 페이지

43 반대쪽도 **40** ～ **42** 와 같이 접습니다.

46 ①②의 순서대로 접는다.

51 도면의 선을 따라 접고, 왼쪽 끝을 삼각형 모양으로 접는다.

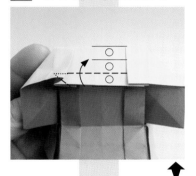

42 화살표 방향으로 접는다.

47 도면의 선을 따라 접는다.

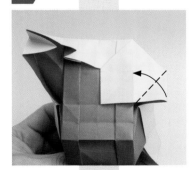

50 도면의 위치를 펼친다.

41 도면의 선을 따라 입체적으로 접는다.

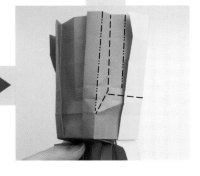

48 도면의 선을 따라 접는다.

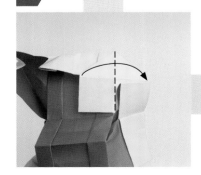

49 반대쪽도 **44** ～ **48** 와 같이 접습니다.

53 옆에서 보며 회전한다.

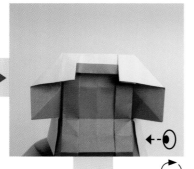

59 도면의 선을 따라 접는다.

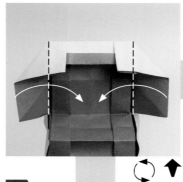

60 뒤집는다.

54 도면의 선을 따라 뒤쪽으로 접는다.

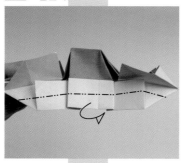

58 위에서 본다.

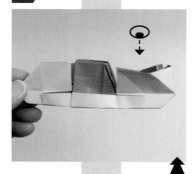

61 도면의 선을 따라 접는다.

55 뒤쪽에서, **54** 도면의 선을 따라 접은 부분을 본다.

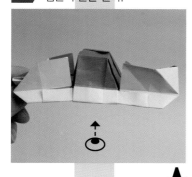

57 반대쪽도 **54** ~ **56** 와 같이 접습니다.

62 도면의 선을 따라 입체적으로 접어서 왼쪽을 확대한다.

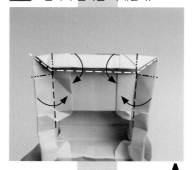

56 뒤쪽으로 접어 넣는다.

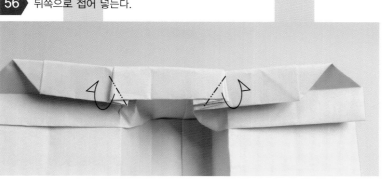

63 시선을 바꾼다.

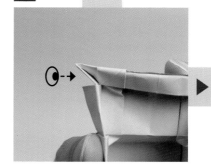

67 도면의 선을 따라 접어서 끼워 넣는다.

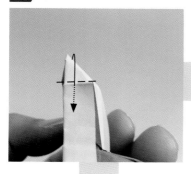

68 시선을 바꾼다.

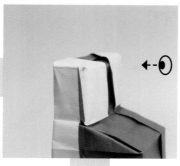

74 왼쪽도 69 ~ 73 와 같이 접는다.

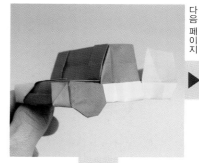

다음 페이지

66 시선을 바꾼다.

69 화살표 방향으로 뒤집어서 덮는다.

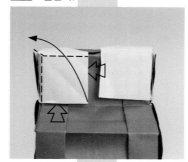

73 뒤쪽으로 접는다.

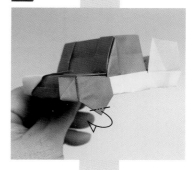

65 다음은 반대쪽을 본다.

69 -2 덮는 중간 단계

72 뒤쪽으로 접는다.

64 도면의 선을 따라 접어서 끼워 넣는다.

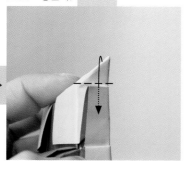

70 시선을 바꾼다.

71 도면의 선을 따라 뒤쪽으로 접어 넣는다.

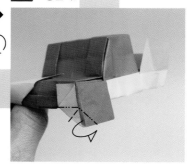

75 뒤쪽으로 접어 넣는다.

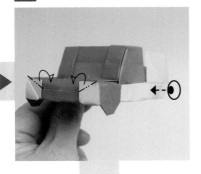

76 도면의 선을 따라 접는다.

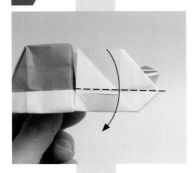

77 반대쪽도 76 ~와 같이 접는다.

78 아래에서 본다.

82 반대쪽도 79 ~ 81 와 같이 접어서 뒤집는다.

81 도면의 선을 따라 접는다.

80 ①도면의 선을 따라 접는다.
②뒤쪽으로 접어 넣는다.

79 도면의 선을 따라 접는다.

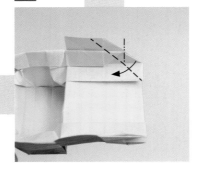

83 도면의 선을 따라 접어서 세워 올린다.

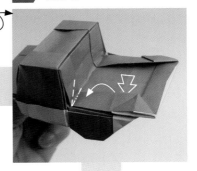

84 반대쪽도 83 ~와 같은 방식으로 접어서 세워 올린다.

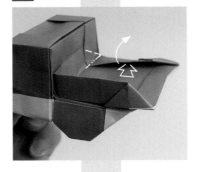

85 화살표 방향으로 세워 올린다.

86 반전한다.

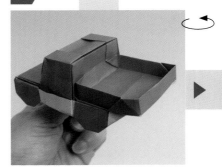

DRAGON

드래곤
난이도 ★ ★ ★ ★ ★ ★ ★
양면 종이접기 용지 사용

세로와 가로로 8등분된 기본 접은 자국에서 시작한다.

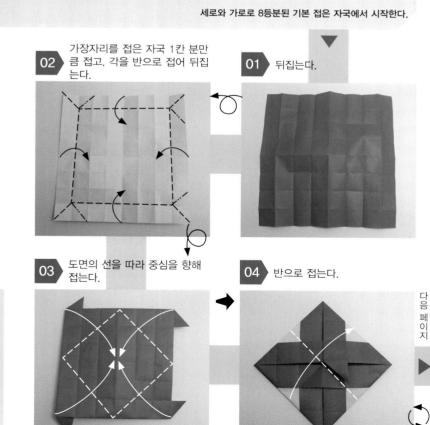

02 가장자리를 접은 자국 1칸 분만 큼 접고, 각을 반으로 접어 뒤집 는다.

01 뒤집는다.

완성!

03 도면의 선을 따라 중심을 향해 접는다.

04 반으로 접는다.

다음 페이지

05 앞쪽만 반으로 접어서, 뒤쪽에 접혀 있는 부분을 앞쪽으로 꺼낸다.

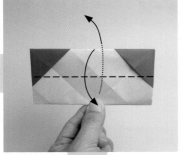

06 뒤쪽을 반으로 접어서, 앞쪽에 접혀 있는 부분을 꺼낸다.

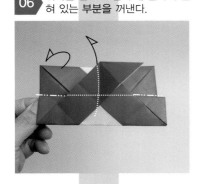

07 안쪽 가르기 접기

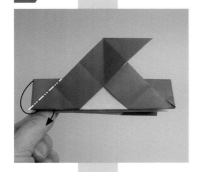

08 뒤쪽을 안쪽 가르기 접는다.

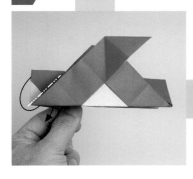

12 뒤집는다.

11 도면의 선을 따라 접는다.

이 부분은 앞쪽으로 내어 둔다.

10 도면의 선을 따라 펼쳐서 접는다.

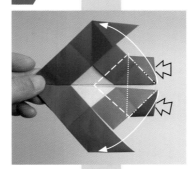

09 위에서 펼친다.

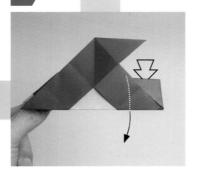

13 도면의 위치를 펼친다.

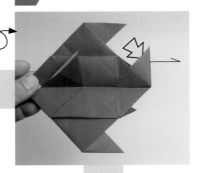

14 도면의 선을 따라 접는다.

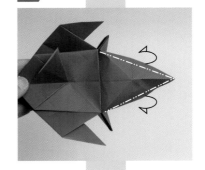

15 도면의 선을 따라 반으로 접는다.

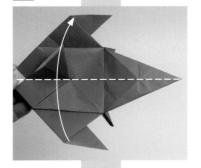

16 내측에 접어 넣은 부분을 꺼낸다. (반대쪽도 동일하게 접는다.)

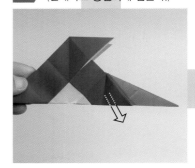

20 도면의 선을 따라 안쪽 가르기 접기를 한다.

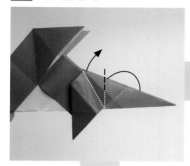

21 안쪽 가르기 접기 (반대쪽도 동일하게 접는다.)

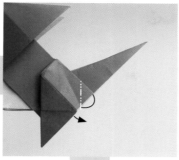

28 뒤쪽에 접혀 있는 부분을 꺼낸다 (반대쪽도 동일하게 접는다.)

이 위치에 접은 자국을 남긴다.

다음 페이지

19 도면의 선을 따라 접는다.(반대쪽도 동일하게 접는다.)

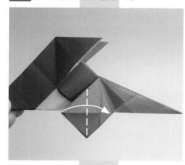

22 앞쪽의 한 장만 뒤쪽으로 접어 넣는다. (반대쪽도 동일하게 접는다.)

27 덮어 접는다.

18 도면의 선을 따라 꺼내면서 각도를 조정하여 계단 접기를 한다(반대쪽도 동일하게 접는다.)

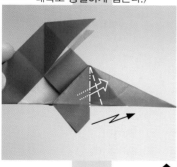

23 반전한다.

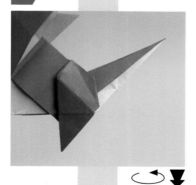

26 도면의 위치를 펼친다.(반대쪽도 동일하게 접는다.)

17 도면의 선을 따라 접는다. (반대쪽도 동일하게 접는다.)

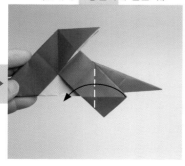

24 위에서 펼쳐서 시선을 바꾼다.

25 접혀 있는 부분을 꺼낸다.

29 화살표 방향으로 접는다 (반대쪽도 동일하게 접는다.)

36 도면의 선을 따라 위쪽으로 펼친다.

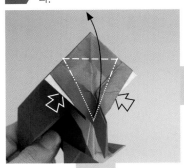

37 중심에 닫는다.

30 도면의 선을 따라 덮어 접는다.

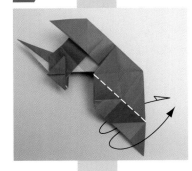

35 도면의 선을 따라 펼쳐서 접는다.

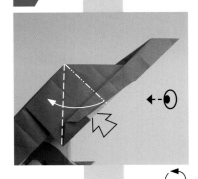

38 반으로 접는다.

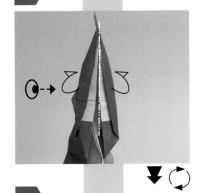

31 도면의 선을 따라 덮어 접는다.

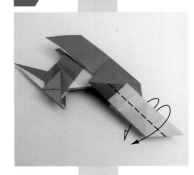

34 회전한다.

39 시선을 바꾼다.

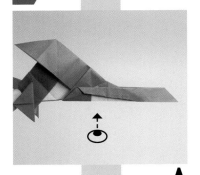

32 둘러싼 부분을 확대한다.

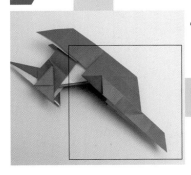

33 도면의 선을 따라 뒤쪽으로 접어 넣으세요.(반대쪽도 동일하게 접는다.)

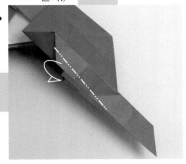

40 접혀 있는 부분을 꺼낸다.

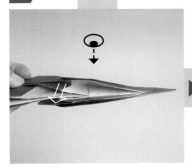

44 굵은 화살표 부분을 눌러 넣듯이 도면의 선을 따라 접는다.

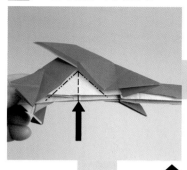

45 앞쪽의 한 장만 도면의 선을 따라 펼친다.

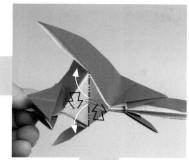

다음 페이지

52 도면의 선을 따라 뒤쪽으로 접어 넣는다.

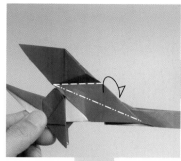

43 둘러싼 부분을 확대한다.

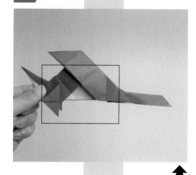

46 시선을 바꾼다.

51 접은 자국을 남긴 후 되돌린다.

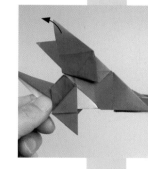

42 내측에 접어 넣는다 (반대쪽도 동일하게 접는다.)

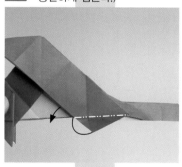

47 도면의 선을 따라 집어 접는다 (반대쪽도 동일하게 접는다.)

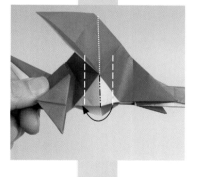

50 도면의 선을 따라 접는다.

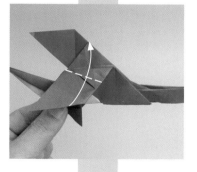

41 도면의 선을 따라 오른쪽으로 접는다. (반대쪽도 40 ~ 41 와 같이 접는다.)

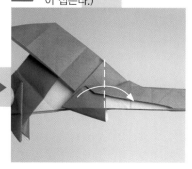

48 도면의 선을 따라 접는다.(반대쪽도 동일하게 접는다.)

49 도면의 선을 따라 접는다.

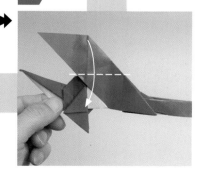

103

53 반대쪽도 49~52 와 같이 접습니다.

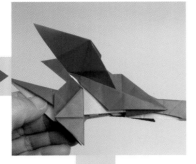

60 앞쪽으로 접어 넣는다.

61 도면의 선을 따라 계단 접기를 하여 접은 자국을 남긴다.

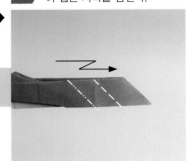

54 도면의 선을 따라 접는다.(반대쪽도 동일하게 접는다.)

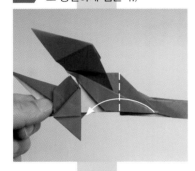

59 뒤쪽으로 접어 넣는다.

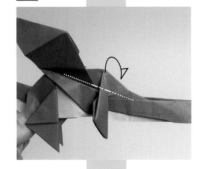

62 위아래쪽에서 펼친다.

55 도면의 선을 따라 접는다.(반대쪽도 동일하게 접는다.)

58 ①②의 순서대로 접는다 (반대쪽도 동일하게 접는다.)

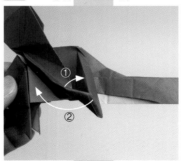

63 도면의 선에 따라 접는다.

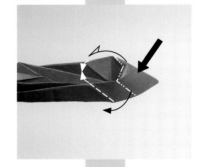

56 접은 자국이 생기면 되돌리고, 도면의 위치를 펼친다. (반대쪽도 동일하게 접는다.)

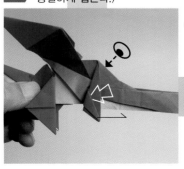

57 이미 있는 접은 자국을 사용하여 덮어 접는다. (반대쪽도 동일하게 접는다.)

64 도면의 선을 따라 접는다.

68 ▶ 도면의 선을 따라 안쪽 가르기 접기를 한다.

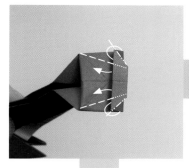

69 ▶ 반으로 접는다.

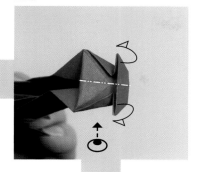

76 ▶ 도면의 선을 따라 입체적으로 접는다.(반대쪽도 동일하게 접는다.)

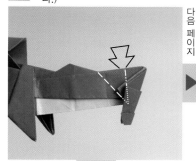

다음 페이지

67 ▶ 도면의 선을 따라 접는다.

70 ▶ 아래쪽에서 펼친다.

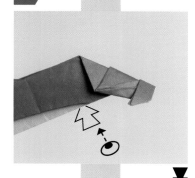

75 ▶ 덮어 접는다 (반대쪽도 동시에 접는다.)

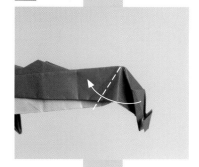

66 ▶ 뒷면으로 접는다.

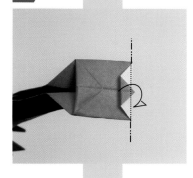

71 ▶ 굵은 화살표 부분을 눌러 펼친다.

74 ▶ 시선을 바꾼다.

65 ▶ 도면의 선을 따라 접는다.

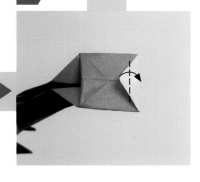

72 ▶ 옆에서 본다.

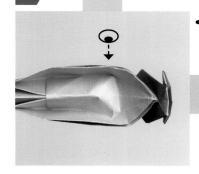

73 ▶ 도면의 선을 따라 접는다.(반대쪽도 동일하게 접는다.)

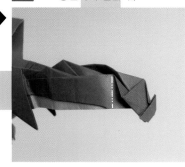

77 안쪽 가르기 접기 (반대쪽도 동일하게 접는다.)

84 도면의 선을 따라 약간 접는다 (반대쪽도 동일하게 접는다.)

85 날개 부분을 본다.

78 도면의 선을 따라 뒤쪽으로 접어 넣으세요.(반대쪽도 동일하게 접는다.)

83 ① 뒤쪽으로 접어 넣는다 (반대쪽도 동일하게 접는다.)
② 되돌린다 (반대쪽도 동일하게 접는다.)

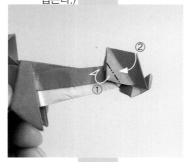

86 도면의 선을 따라 입체적으로 접는다. (반대쪽도 동일하게 접는다.)

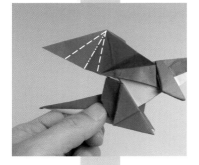

79 뒤쪽으로 접어 넣는다.

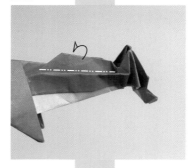

82 한 장을 펼친다.

87 시선을 바꾼다.

80 앞쪽으로 접어 넣는다.

81 머리 부분을 덮어 접는다 (반대쪽도 동시에 접는다.)

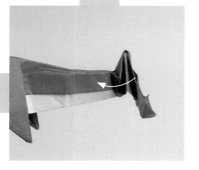

88 도면의 선을 따라 앞쪽으로 접어 넣는다.

PEGASUS

페가수스
난이도 ★★★★★☆

단면 종이접기 용지 사용

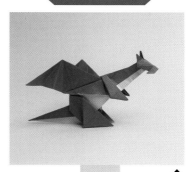

90 목 부분을 약간 굽힌다.

이 부분을 모아서 앞쪽으로 약간 굽힌다.

89 도면의 선을 따라 뒤쪽으로 접어 넣는다.

01 -2 가볍게 둥글게 말아 맞춘 후 단단히 접는다.

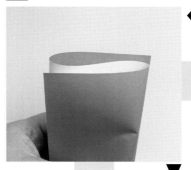

02 앞쪽만 반으로 접는다.

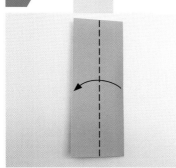

01 도면의 선을 따라 삼등분하여 접는다.

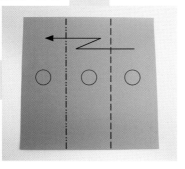

03 도면의 선을 따라 뒷면으로 접는다.

다음 페이지

04 모두 펼친다.

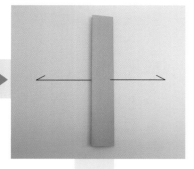

11 도면의 선을 따라 접는다.

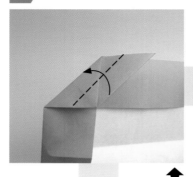

12 접은 자국을 남긴 후 되돌린다.

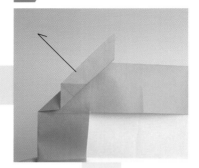

05 회전한다.

10 도면의 선을 따라 접는다.

이쪽으로 넘겨 둔다.

13 펼친다.

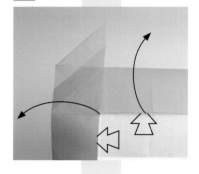

06 01 ~ 04 와 같이 접는다

09 접은 자국 한 칸 분만큼 접어 모서리를 세운다.

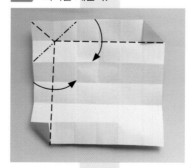

14 뒤집어서 회전하세요.

07 뒤집는다.

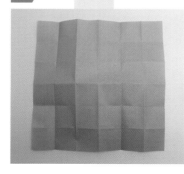

08 각을 접은 자국 하나 분만큼 대각선으로 접는다.

15 도면의 선을 따라 입체적으로 접는다.

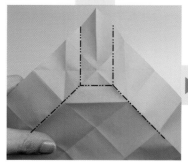

18 도면의 선을 따라 접는다.

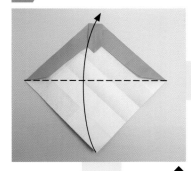

19 도면의 선을 따라 접는다.

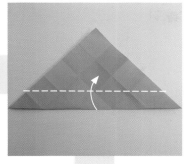

26 도면의 선에 따라 접는다.

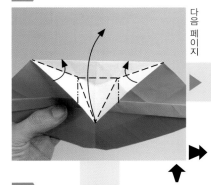

다음 페이지

17 -2 접는 중간 단계

20 가장자리와 가장자리를 맞춰 접는다.

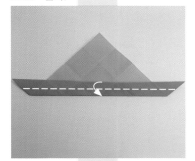

25 둘러싼 부분을 확대한다.

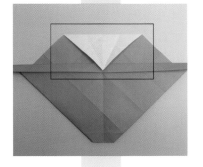

17 도면의 선에 따라 접는다. (반대쪽도 동시에 접는다.)

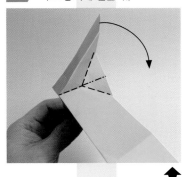

21 뒤쪽을 화살표 방향으로 펼친다.

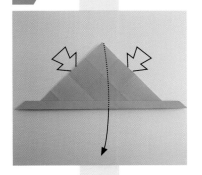

24 도면의 선을 따라 접는다.

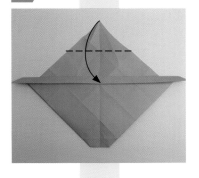

16 옆에서 본다.

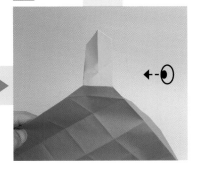

22 중심에서 접어 접은 자국을 남긴다.

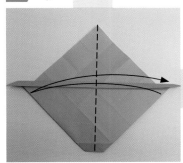

23 가장자리를 중심에 맞춰 접고, 접은 자국을 남긴다.

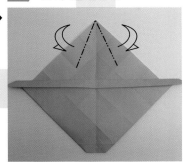

27 도면의 선을 따라 접는다.

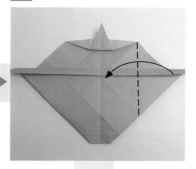

33 도면의 선을 따라 접는다.

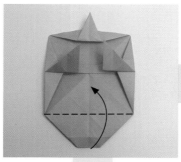

34 A와 B를 외쪽으로 내보내어 반으로 접는다.

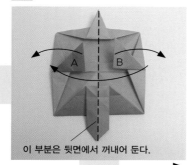

이 부분은 뒷면에서 꺼내어 둔다.

28 가장자리와 가장자리를 맞춰 접고, 접은 자국을 남긴다.

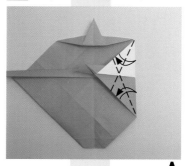

32 왼쪽도 **27** ~ **31** 와 같이 접는다.

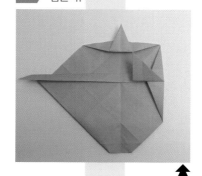

35 도면의 선을 따라 접는다.

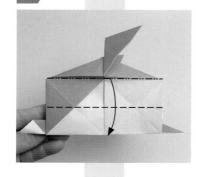

29 도면의 선을 따라 접는다.

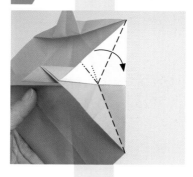

31 도면의 선을 따라 접는다.

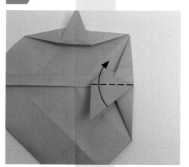

36 반대쪽도 **35** ~와 같이 접는다.

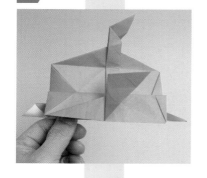

29-2 접는 중간 단계

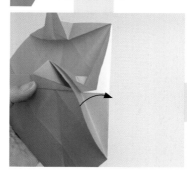

30 ①화살표 방향으로 펼친다.
②도면의 선을 따라 접는다.

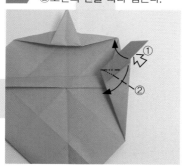

37 도면의 위치를 펼쳐서 위에서 본다.

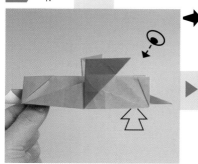

40 도면의 선을 따라 덮어 접는다.

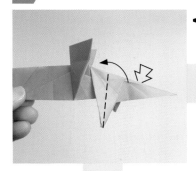

40⁻2 덮는 중간 단계

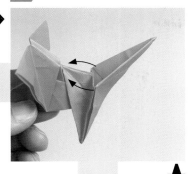

47 반대쪽도 44 ～ 46 와 같이 접습니다.

다음 페이지

39 반대쪽도 37 ～ 38 와 같이 접습니다.

41 도면의 선을 따라 덮어 접는다.

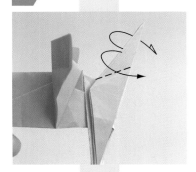

46 굵은 화살표 부분을 눌러 넣듯이 접는다.

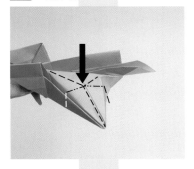

38⁻2 접는 중간 단계

42 끝부분을 안쪽 가르기 접기를 두 번 한다.

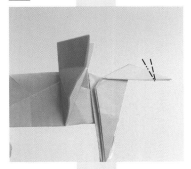

45 도면의 선을 따라 입체적으로 접는다.

38 도면의 선을 따라 접는다.

43 반전한다.

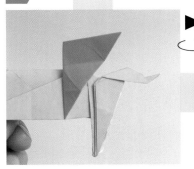

44 도면의 위치를 펼쳐서 위에서 본다.

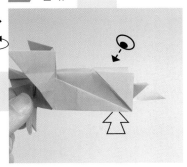

48 도면의 위치를 펼쳐서 위에서 본다.

49 접혀 있는 부분을 펼친다.

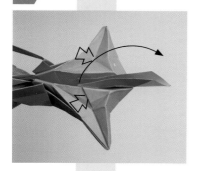

50 기존에 있는 접은 자국을 따라 접는다.

51 도면의 선을 따라 접는다.

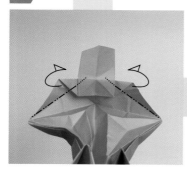

55 시선을 바꾼다.

54 목 부분을 추가로 세워 올린다.

남록은 세부분을 세워 올린다. 쭉 펴

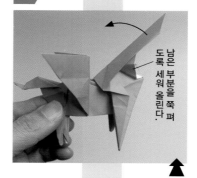

53 발 부분을 회전시키면서 목 부분을 덮어 올리듯이 세워 올린다.

목

발

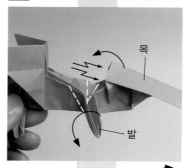

52 원래처럼 접는다.

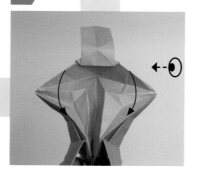

56 안쪽으로 접어 넣는다.

57 옆에서 본다.

58 도면의 선을 따라 접는다.

59 도면의 선을 따라 접어서 접은 자국을 남기고, 모두 되돌린다.

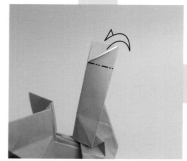

63 도면의 위치를 펼쳐서 덮어 접는다.

64 도면의 위치에 접은 자국을 남기세요.

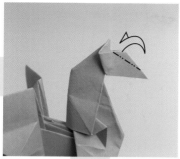

62 덮어 접는다.

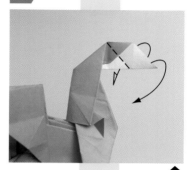

65 굵은 화살표 부분을 눌러 넣듯이 접는다.

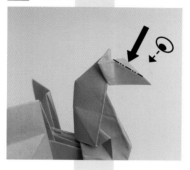

완성!

61 안쪽 가르기 접기

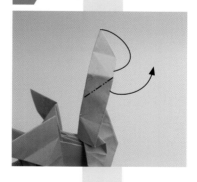

65-2 접는 중간 단계이다.

68 도면의 선을 따라 가볍게 접는다(반대쪽도 동일하게 접는다.)

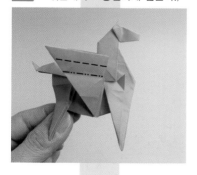

60 도면의 위치에 접은 자국을 남기세요.

66 끝부분을 안쪽 가르기 접기 한다.

67 등에서 펼쳐서 각도를 조정하여 안쪽으로 계단 접기를 한다.

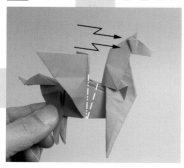

ANKYLOSAURUS

안킬로사우루스

난이도 ★★★★★★★

단면 종이접기 용지 사용

기본 접은 자국(세로와 가로 8등분)에서 시작하세요.

---

02 위쪽은 접은 자국 1칸 분만큼, 아래쪽은 접은 자국 2칸 분만큼 대각선으로 접는다.

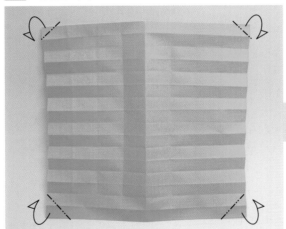

01 이미 있는 접은 자국과 새로 접은 자국을 맞춰 접어, 16등분의 접은 자국을 남긴다.

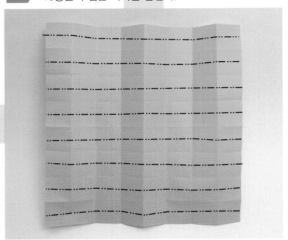

---

03 이미 있는 접은 자국을 이용하여 좌우에서 아코디언 모양으로 접는다.

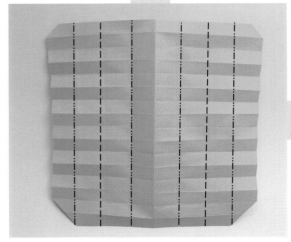

04 뒤집는다.

05 모아서 접어 접은 자국을 남긴다.

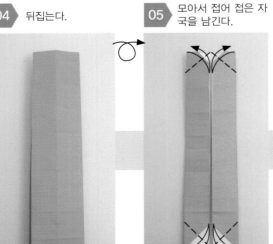

다음 페이지

08 화살표 방향으로 접는다.

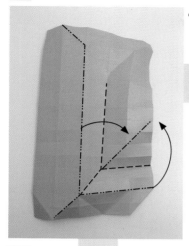

09 뒤집는다.

12 ①닫는다.② 아래쪽을 향하여 접는다.

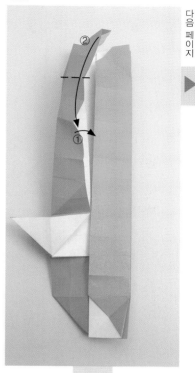

07 도면의 선을 따라 입체적으로 접는다.

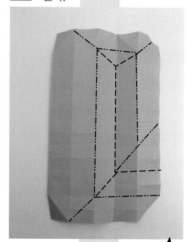

06 뒤집어서 오른쪽 반을 펼친다.

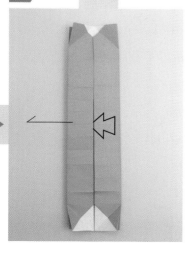

10 도면의 선을 따라 접는다.

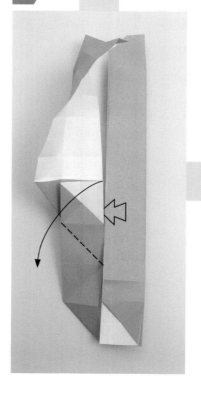

11 도면의 선을 따라 접고, 하부를 삼각형 모양으로 접는다.

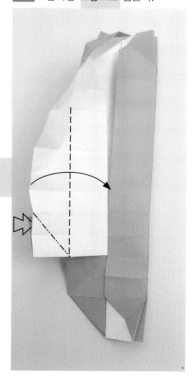

13 오른쪽도 06 ~ 12 와 같이 접는다.

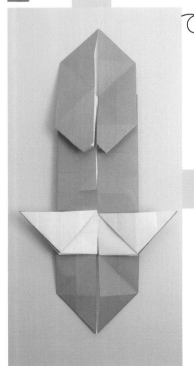

14 뒤집는다.

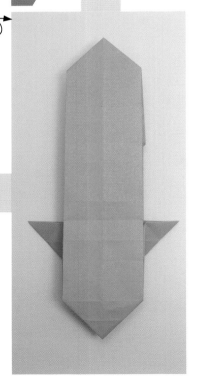

15 회전한다.

17 둘러싼 부분을 확대한다.

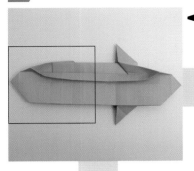

16 앞쪽만, 가장자리를 중심에 맞춰 접는다.

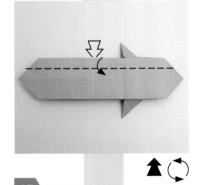

18 굵은 화살표 부분을 눌러 삼각형으로 접는다.

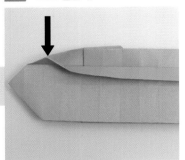

18-2 접는 중간 단계

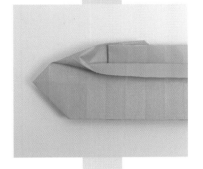

19 전체를 확인하세요.

20 굵은 화살표 부분을 눌러 삼각형으로 접는다.

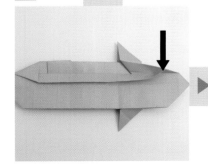

24 도면의 선을 따라 접어 접은 자
국을 남기세요.

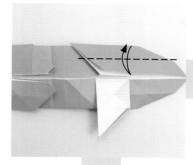

25 도면의 위치를 펼친다.

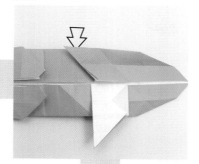

32 도면의 선을 따라 접는다.

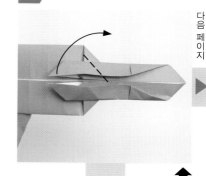

다음 페이지

23 도면의 선을 따라 접는다.

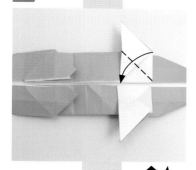

26 도면의 선을 따라 덮어 접는다.

31 둘러싼 부분을 확대한다.

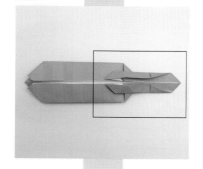

22 뒤집는다.

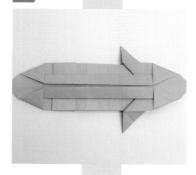

27 화살표 방향으로 접는다.

30 도면의 선을 따라 접는다.

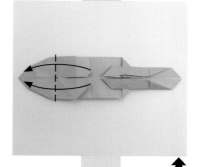

21 아래쪽도 16 ~ 20 와 같이 접
는다.

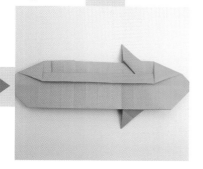

28 도면의 선을 따라 접는다.

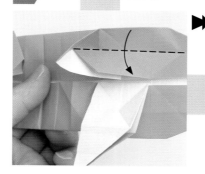

29 아래쪽도 23 ~ 28 와 같이 접는
다.

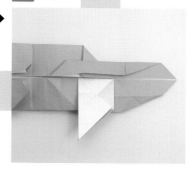

33 도면의 선을 따라 접는다.

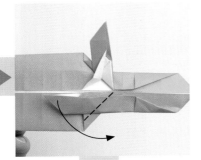

40 둘러싼 부분을 확대한다.

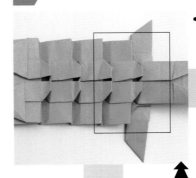

41 도면의 선을 따라 접는다.

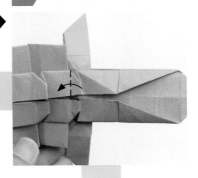

34 뒤집는다.

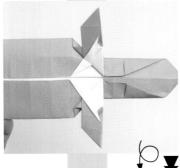

39 ○로 둘러싼 부분을 37 ~ 38 와 같이 접는다.

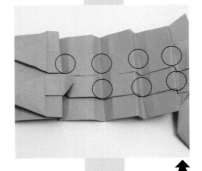

42 화살표 방향으로 펼친다.

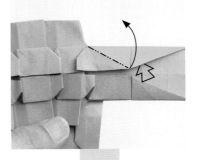

35 도면의 위치(접은 자국과 접은 자국을 맞추어)에서 계단 접기를 한다.

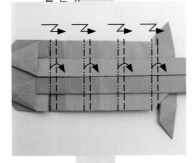

38 ① 닫는다. ② 화살표 방향으로 접는다.

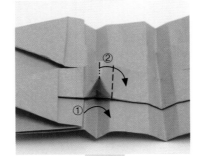

43 도면의 선을 따라 뒤쪽으로 접어 넣는다.

36 도면의 위치를 펼쳐서 둘러싼 부분을 확대한다.

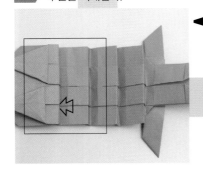

37 굵은 화살표 부분을 눌러 넣듯이 도면의 선을 따라 세워 올린다.

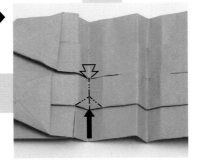

44 뒷면으로 접는다.

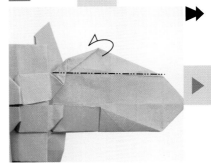

48 반으로 접는다.

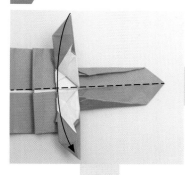

49 안쪽 가르기 접기

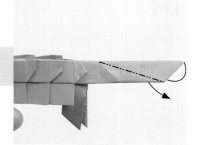

56 아래에서 본다.

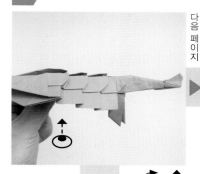

다음 페이지

47 모아서 뒤쪽으로 접어 넣는다.

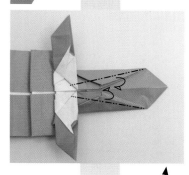

50 둘러싼 부분을 확대한다.

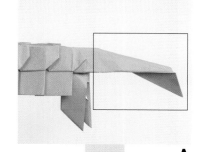

55 옆에서 본다.

46 뒤집는다.

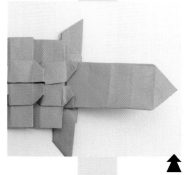

51 안쪽 가르기 접기

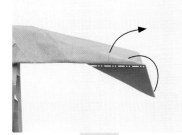

54 도면의 선을 따라 입체적으로 접는다.

45 아래쪽도 41 ~ 44 와 같이 접는다.

52 도면의 선을 따라 펼친다.

53 뒷면으로 접는다.

57 도면의 선을 따라 접는다.

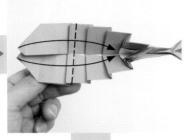

58 도면의 선을 따라 접는다.

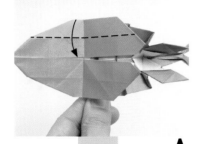

59 앞쪽을 펼쳐서 삼각형으로 접는다.

59-2 접는 중간 단계

63 도면의 선을 따라 접는다.

62 도면의 선을 따라 접고, 왼쪽을 삼각형 모양으로 접는다.

61 도면의 선을 따라 접는다.

60 접은 자국을 옮기듯이 접어 겹친 부분을 꺼낸다.

겹친 부분이다.

64 A의 부분을 하층의 포켓에 끼워 넣는다.

A

65 뒤집어서 발끝을 본다.

발끝

66 도면의 선을 따라 접는다.

67 도면의 선을 따라 집어 접는다.

71 반대쪽 앞발도 58 ~ 70 와 같이 접어 뒷발을 본다.

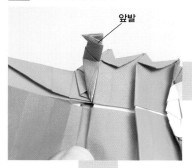

앞발

72 도면의 선을 따라 사각형 모양으로 펼친다.

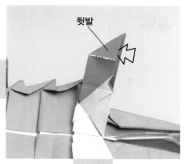

뒷발

79 반대쪽의 발도 72 ~ 78 같이 접는다.

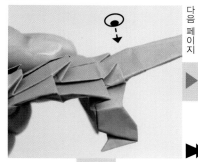

다음 페이지

70 도면의 선을 따라 접는다.

73 도면의 선을 따라 접는다.

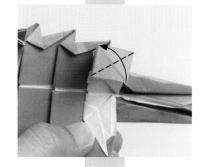

78 도면의 선을 따라 입체적으로 접는다.

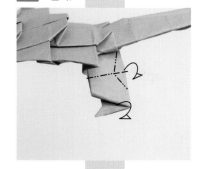

69 도면의 선을 따라 접는다.

74 도면의 선을 따라 집어 접는다.

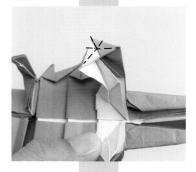

77 도면의 선을 따라 각도를 조정하여 계단 접기를 한다.

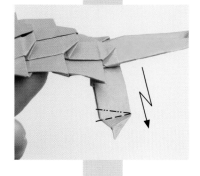

68 뒤집어서 발 부분을 본다.

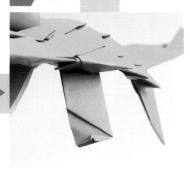

75 도면의 선을 따라 접는다.

76 뒤집는다.

80 안쪽 가르기 접기를 하고 반전한다.

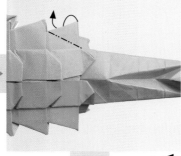

81 모아서 뒤쪽으로 접어 넣는다.

82 다시 반대쪽도 80 ～ 81 와 동일하게 접고, 뒤집는다.

83 도면의 선을 따라 접는다.

이 부분은 한 번 접었기 때문에, 84 ～의 사진을 참고하여 다시 조정한다.

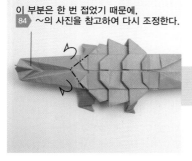

87 도면의 선을 따라 펼친다.

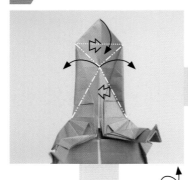

86 뒤집는다.

85 도면의 선을 따라 접는다.

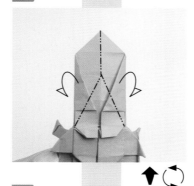

84 회전하여 머리 부분을 본다.

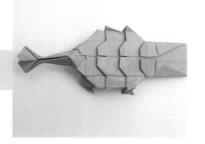

88 뒷면으로 접는다.

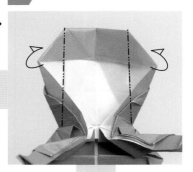

89 뒷면으로 접는다.

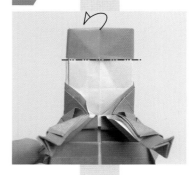

90 뒤집는다.

91 도면의 선을 따라 뒷면으로 접는다.

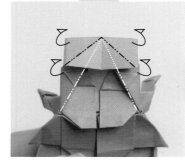

95 도면의 선을 따라 입체적으로 접는다.

96 도면의 선을 따라 안쪽으로 계단 접기를 한다.

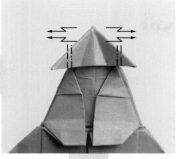

완성!

94 뒤집는다.

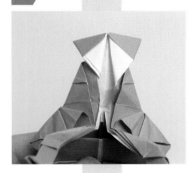

97 뒤집어서 배 부분을 본다.

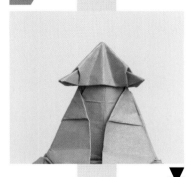

102 ○로 둘러싼 부분도 100 ~ 101 와 같이 접는다.

93 화살표 방향으로 펼친다.

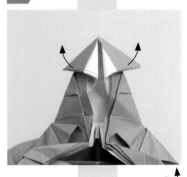

98 A의 부분을 다시 한 번 하층의 포켓에 끼워 넣는다.

101 안쪽 가르기 접어서 세우세요.

92 뒤집는다.

99 뒤집는다.

100 안쪽 가르기 접어서 세우세요.

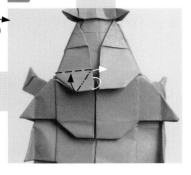

자르지 않고 한 장으로 접는 종이접기 공룡과 전설의 생물들

ORIGAMI ADVENTURE LAND
종이접기 어드벤처랜드

작가 프로필

후지모토 무네지

1967년 나가사키시 출생. 현재 후쿠오카현 거주. 종이접기 작가. 그래픽 디자이너 & 아트 디렉터. 2005년, 당시 유치원에 다니던 큰아들의 종이접기 놀이를 계기로 창작 종이접기를 시작. 동물과 로봇 등의 모티브를 중심으로 창작 활동을 계속하고 있다.

저서로는 『오리가미 펫 파크』, 『오리가미 레이서』, 『모던 오리가미』, 『오리로보 오리가미 솔저』, 『오리가미 펫 아일랜드』, 『손가락인형 종이접기』, 『수고로움을 즐기는 종이접기 봉투』, 『파충류・양서류 종이접기』, 『곤충 종이접기』, 『아빠레 종이접기』 등이 있다.

제작스텝
[표지 디자인]   후지모토 무네지
[본문 디자인]   후지모토 무네지
[DTP]   주식회사 스코그 디자인

역자 아르고나인

아르고나인 스튜디오는 기획자, 작가, 아티스트, 일러스트레이터, 발명가 등 다양한 인재가 모여 만든 기획 창작 집단으로 실험성과 재미, 유익함을 동시에 줄 수 있는 콘텐츠를 개발하기 위해 노력하고 있습니다. 아르고나인 스튜디오는 도서를 비롯해 어플리케이션, 장난감 등 원 소스 멀티 유즈를 지향합니다.

1판 1쇄 인쇄 | 2025년 2월 15일
1판 1쇄 발행 | 2025년 2월 20일
저자 | 후지모토 무네지
역자 | 아르고나인 스튜디오
발행인 | 손호성
펴낸곳 | 봄봄스쿨
인쇄 | 신화프린팅

등록 | 제 2023-000128호
주소 | 서울 종로구 사직로8길34 경희궁자이 3단지1309호
전화 | 070.7535.2958
팩스 | 0505.220.2958
e-mail | atmark@argo9.com
Home page | http://www.argo9.com

ISBN 979-11-5895-080-1 13630
※ 값은 책표지에 표시되어 있습니다.

KIRAZU NI 1 MAI DE ORU ORIGAMI KYORYU TO DENSETSU NO SEIBUTSUTACHI ORIGAMI ADVENTURE LAND
Copyright © 2022 Muneji Fuchimoto
Korean translation rights arranged with MdN Corporation
through Japan UNI Agency, Inc., Tokyo and Korea Copyright Center Inc., Seoul
이 책은 (주)한국저작권센터(KCC)와Japan UNI Agency를 통한 저작권자와의 독점계약으로 아르고나인미디어그룹 (봄봄스쿨)에서 출간되었습니다. 저작권법에 의해 한국 내에서 보호를 받는 저작물이므로 무단전재와 복제를 금합니다.

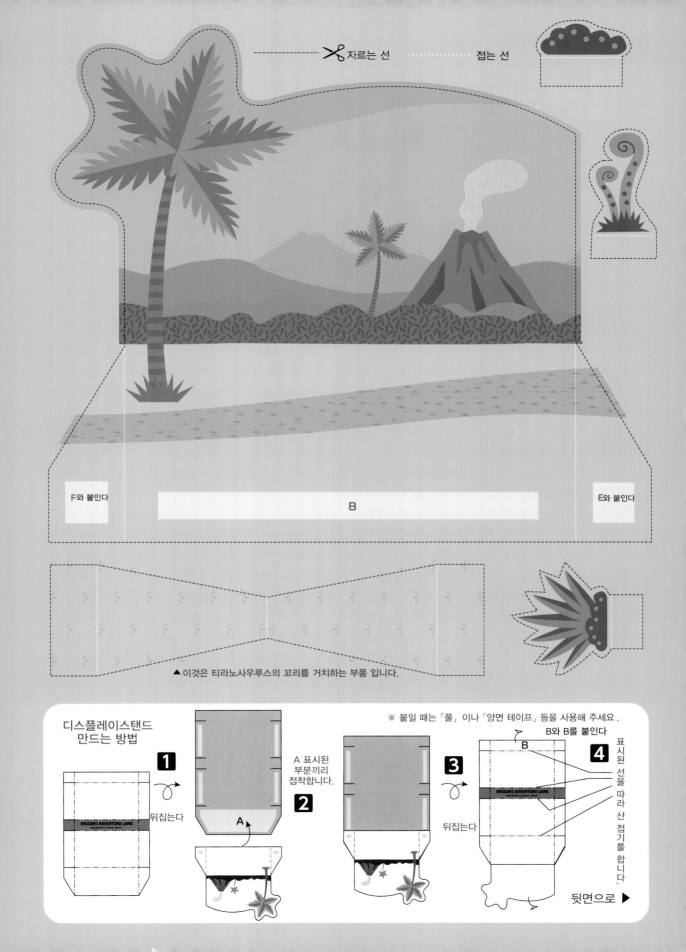

자르는 선 ··········· 접는 선

F와 붙인다

B

E와 붙인다

▲ 이것은 티라노사우루스의 꼬리를 거치하는 부품 입니다.

디스플레이스탠드
만드는 방법

※ 붙일 때는 「풀」이나 「양면 테이프」 등을 사용해 주세요.

B와 B를 붙인다

1

뒤집는다

A 표시된
부분끼리
접착합니다.

2

A

3

뒤집는다

4

표시된 선을 따라 산 접기를 합니다.

뒷면으로 ▶

A

G 와 붙인다   G

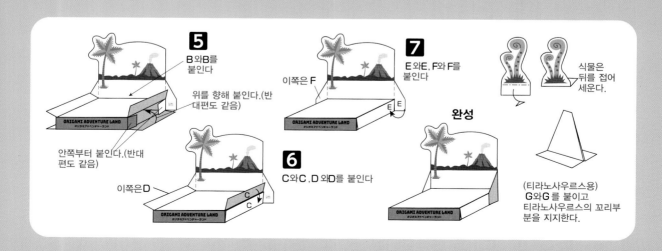

5

B 와 B를
붙인다

위를 향해 붙인다.(반
대편도 같음)

안쪽부터 붙인다.(반대
편도 같음)

ORIGAMI ADVENTURE LAND
오리가미아드벤쳐랜드

이쪽은 D

6

C와C ,D 와D를 붙인다

ORIGAMI ADVENTURE LAND
오리가미아드벤쳐랜드

C
C

7

E 와E, F와 F를
붙인다

이쪽은 F

E E

ORIGAMI ADVENTURE LAND
오리가미아드벤쳐랜드

식물은
뒤를 접어
세운다.

완성

ORIGAMI ADVENTURE LAND
오리가미아드벤쳐랜드

(티라노사우르스용)
G와 G 를 붙이고
티라노사우르스의 꼬리부
분을 지지한다.

F

E

ORIGAMI ADVENTURE LAND
종이접기 어드벤쳐 랜드

D에 붙인다

C 와 붙인다

✂ 자르는 선   접는 선

C

D

A 와 붙인다.